我
思

敢于运用你的理智

经典维新丛书，将以不同的视角来重新整理出版近代以来的经典学术论著，其出版思路可分为：

一、展现某学术著作的思想史或批评史，如胡适《说儒》第二部分“说儒前史”，熊十力《新唯识论（批评本）》；

二、梳理某种观念或学说的历史际遇，如《国学到底是什么》《阳明心学得失论》；

三、挖掘被当代学术界忽视的学术论著，如《汤用彤讲西方哲学》、马一浮《法数钩玄》；

四、选编反映某学术大家思想特质的文集，如《太虚讲国学哲学》《王国维哲学论著集》。

经典维新

新理学评论 儒学中兴论

王恩洋 著

长江出版传媒 | 崇文书局

图书在版编目（CIP）数据

新理学评论；儒学中兴论 / 王恩洋著．
-- 武汉：崇文书局，2020.8
（经典维新）
ISBN 978-7-5403-5994-2

Ⅰ．①新…
Ⅱ．①王…
Ⅲ．①新理学－研究－中国②儒学－研究
Ⅳ．①B261.5 ②B222.05

中国版本图书馆 CIP 数据核字（2020）第 110499 号

我思

敢于运用你的理智

新理学评论 儒学中兴论

出　　品　崇文书局人文学术出版中心
策 划 人　吴海明（408249263@qq.com）
责任编辑　吴海明
装帧设计　杨　艳
出版发行　长江出版传媒 | 崇文书局
地　　址　武汉市雄楚大街 268 号 C 座 11 层
电　　话　(027)87680797　邮政编码　430070
印　　刷　武汉中科兴业印务有限公司
开　　本　880mm×1230mm　1/32
印　　张　6.125
字　　数　126 千字
版　　次　2020 年 8 月第 1 版
印　　次　2020 年 8 月第 1 次印刷
定　　价　36.00 元

(读者服务电话：027—87679738)

目　录

新理学评论

一、新理学之思想

冯友兰先生作《新理学》，其基本的主张，以为世间实际的事物均依两种所依而成：一者其事物所依照，二者其事物所依据。其所依照者，即所谓理；其所依据者，即所谓料。理也者，方圆长短、红黄白黑、动静屈伸、人禽犬马、大炮飞机、在上在下、在前在后等等事物关系所以然之故。料也者，一切方物圆物、红色白色乃至上下前后诸物之所依据之材料，可以名之曰气。气之极纯而不与理相合者，名之曰真元之气。

譬诸房屋，其所以成形成用者，必有其所依照之理，即房屋之理。然徒有此房屋之理，而无所依据之料，若柱若梁若砖瓦等，则虽有真际之房屋之理，而无实际的房屋之物。然设徒有房屋之料梁柱砖瓦，而不依照房屋之理以成之，各各分散，或杂乱堆积，仍不成为实际的房屋也。此实际的事物所以必有二种所依，一理一气之证也。

然房屋所依之料如梁柱砖瓦等，仍为有形有用之物，乃气与理合而成者。分析之，则为土耳、木耳。再去其土木之性，乃至物质之性而亦去之，所余者乃纯离夫理之料，不可名言、不可思议、不可想像之气，而假名之曰真元之气耳，乃所谓真纯之料，为一切事物之所依也。

此真元之气既无形无象不可思议想像，故可名之曰无极。理也者，万物之所依照以成性者也，可名之曰太极。太极也者，一切理之极致为实际事物之标准者也。譬如真际之圆，用圆之极限，而为一切圆物之标准者也。（原书谓极有二义：一标准，二极限，以一名名，可曰极则。）凡料之得此圆理者即有圆性，为圆物；其得方理者即有方性，为方物；其得人理者有人性，名为人物；其得狗理者有狗性，为狗物；其得飞机之理者有飞机性，名飞机；乃至……故使有气无理，则无性无形，无用无名，黑漆一团，浑沌而无所成；有理无气，则无所挂搭，无靠无具，存于纯真际中，亦不能有所成也。气极其浑沌，理极其分明。万物既依照分明条理之理以成其性，又依据浑沌无名之气以成其“质”，而后万象著、万事成，实际的事物星罗棋布，相续生起而无穷焉。太极（理），与无极（气），皆本来即有者也。

依上所述，新理学者可谓理多元的、气一元的之二元论也。又单就气说，可曰中立的一元论。理虚无而极分明，太极冲漠无朕而万象森然已具。冲漠无朕，以言其非实际的也；万象森然，以言其具万理也。理非实故虚也，理而具万象以言其多也，故理为多元也。元也者，言其本有，非人所造，非物所生，常在而不增减也。气实有而极浑沌，为万事万物所据以为质，理从此显焉，故实有也。浑沌而无别，无像而难思，无自无他，非白非黄，真元一气，故为一元也。元也者，此亦本有，非人所造，非物所生，常在而无始终也。

由此二元的气与理互相配合,赋理于气,于是而无形者形,无性者性;形体既起而自他以分,性情既见而同异以成,于是而真元一气散为万事万物,而一者以多矣。秉气于理,于是而不实者实,无用者用;实体既具,功用既呈,于是而空虚之理著于实际,而虚者以实矣。无极而太极,而阴阳五行,百物生焉,万事起焉。此由理气二元而生万物而成世间也。

二、新理学之批判

（一）评理气之生万物

此理也，宋明理学家主之，而新理学承之。毕竟此说能成立否耶？曰甚难也。所以者何？依作者之论，既厘然判理气以为二元矣。所谓理者，万象森然而并包之，故凡方圆长短、白黑红黄、动静取舍、人禽犬马、在上在下之性皆自彼专之。理极其尊严矣，而又为万物之主宰。言万物不依照彼、离彼缺彼即不能成形成性以为物为事也。然而理又虚而无能，虚故不得实际之物而理不著，无能则虽有彼理不能使物必有此性也。是则万物之能得此理而具彼性者，赖彼万物之自为效法、自为依照、自行选择，非此理之自能实现其性于万事以创造世界。故虽有万理而不能自为。所以者何？理本无为，以无能故，以无实故。

既理不能自为，则有待于气之自效也。虽然，此亦极不通之事也。所以者何？凡物之能依照某理以成某事者，必有心智之性者也，必其具认识之能者也，必其有行动之用者也。而真元之气，混沌一团，方圆长短之未形，动静屈伸之未著，黑白红黄之未分，上下前后之未辨，奚有于心性，奚有于认识，奚有于行动也哉？

论者曰，房屋之成也，有房屋之理，有房屋之料，理与料合，房屋自成。彼理固无为，而材木等固无知也。既能成房屋，奚必待理之有为而气之有知哉！

嘻！是何言也。汝但知以房屋之材料依房屋之形式即能成房屋，而不知削构梁栋者有人，设计图案者有人，输运土石者有人，或用心，或用力，或用技能，而后此屋以成，而此屋有用。岂彼房屋之理能驱使结构梁栋土石等以成屋，岂彼梁栋土石等能依照房屋之理而成屋哉？今汝太极之理又非但如房屋图式之可想像者也，无极之气又非如土木瓦石之可营构者也，其所成者又非但一房屋而已矣。以彼至虚而备万象之理，及至混沌而无迹象之气，而造至繁至赜、大之无外、细之无内、前之无始、后之无终之宇宙万物，则非别有一如宗教家所奉之全知全能之造物主之上帝在，岂能依据此气依照此理以作宇宙间之惟一无上之大工程师哉？然而上帝之说，新理学家所当斥为迷信而不能许者也，吾亦谓为迷信而不可通者也。虽然，以此之理以此之气而欲化生万物，则有上帝司其创造犹可通，无上帝以司其创造而忽焉以成宇宙万物更为不可通矣。

或曰，子言过矣，失新理学者之本意矣。新理学者之言曰，一切实际的个体之物，必依照其所依照之理，必依据其所依据之气，以成其自身。如圆的物必依照圆的理以成圆，黑板上的圆圈必依据粉笔以成圆。其能依照依据者，乃谓实际的事物，岂谓理依据气而气依照理哉?

此之答辩益不成理。所以者何?若谓能依照能依据者乃实际的事物,则当先问:汝实际的事物之依据气依照理以成其为实际的事物也,为未成为实际的事物故乃依照理依据气以成为实际的事物乎?为既成为实际的事物而后依照理依据气以成为实际的事物乎?若谓为未成时而依照依据之,则彼未成时尚无彼物,尚无彼性,尚无彼体,类为零类,例为空例,即是尚没有它。既没有它而说它已能依照依据若理若气以成实际的它,犹之乎说此工程师尚未生时已能修造鲁殿秦宫一般,此真不可思议也!又况说彼鲁殿秦宫于未有彼宫彼殿前便已自依照依据理气以成彼宫彼殿,或说彼工程师于未生以前便依照工程师之理之气以自造自生成为一工程师以突现于世一般,此又不可思议之至也。此说也,为神秘乎为荒悖乎?曰"其说悖"。

若谓实际的事物既生既成之后乃依理依气以成其性其体,则彼物既成矣,彼性既具矣,彼体既有矣,复何须依理依气以成以有乎?犹之乎儿已生矣,更求父母以生之;衣已穿矣,更买布请缝工以缝之;宫室已成矣,更求土木瓦石匠师以修之。同一不通,同一不须也。且依此说,则实物不后理气以起,离理气而本自独立,是又与作者之意矛盾者也。

由是可知,汝之理气不能生实际的事物,实际的事物不从汝之理气生。故如新理学者所说之理气全无用处,无关于宇宙之真实者也。

（二）评气之有无

复次，如新理学所说之无极之气、太极之理，果有之乎？于此尤当细加抉择。如所谓真元之气，即实物所依据之绝对的料者，乃本身无一切性，不可名状、不可言说、不可思议者也。著者谓科学中及唯物论中所谓“买特”，至少有物质性，是可名状、可说、可思议者。如有性，即有两方面，所依照之理，所依据之气。有如所说之两方面，即非绝对底料。故真元之气，乃全不与理合、全无有性者也。著者又说：在我们的系统中，气完全是一逻辑的观念，其所指既不是理，亦不是一种实际的事物，一种实际的事物是我们所谓气依照理而成者也。即说气也者，未与理合之单纯而独存之料也。凡气与理合，即成实际的物，而非真元之气也。

然著者又说：未有无理之气，亦未有无气之理。……就事实方面说，气至少必有存在之性，若无存在之性，它根本即不存在。气若不存在，则一切实际的物具无有矣。气若有存在之性，他即依照“存在”之理，他至少须依照存在之理。所以“未有无理之气”。

又说：气之依照存在之理是无始的，因为如其有始，则在此始以前气即不存在，气即是无，无变为有是不可能的。气之依照存在之理亦是无终的，因为如其有终，则有须变为无，此亦是不可能的。

吾人当知：凡事物之可分析为二者，必此二者有不同之性，又必各自独立存在而后可。如房屋之理与房屋之料，一是构成的形式方法，存于吾人的意想中；一是土木瓦石等，存于实际界。此二者，可以相合，合则房子成，亦可以相离而各自独立。以土木瓦石等之有之存在，不因彼房屋之理而有而存在，故房屋虽折散，此房屋之料之土木瓦石等固各各存在也。此二者合则成屋，散则理自成理，料自成料，故可说二者为二。倘此房子之理待房子之料而后有，则理即非独立的，即非本然的。既待房子之料而后有，则此房子之料有时离散时，即房子倒塌时，此房子之理亦即随之消逝，即非常存的矣。如此则理无独立性，无本然性，无常住性。其为物也，但依材料假合而有，非真有也。即彼独立本有常住之房子之理，为绝对的无有也。今此气亦然，若不依照存在之理，即不能存在，即不能有，即是无。是则真元之气但依存在之理而后有，无存在之理即无真元之气；是则气不能独立，气亦无自性，先来非有，待理而后有。又此气亦不能依照存在之理而有，未依照前本无有故，何能依照？既依照后亦是无有，气与理合即非纯料，成实物故。又即此气当有其始，依照理时始能有故；亦有其终，与理离时仍非有故。如彼实物，若谓气既无始与理合，又永远与理合，故无终始。则尔实际的世界亦前无始而后无终，皆与理合，亦应为无始终的，即亦应是本然的。然许实际的物有始有终，此云何然？且气之无始无终是一义，气之无始即与理合，及气与理合永无终止又是一义，安得以气无始终与气理合之无始终并为一谈？故尔独立自存、无始无终、永久常有之真元之气绝对无有。

著者又云：气又至少必依照动之理，我们于上文说气之依照理者即成为实际的事物，依照某理即成为某种实际的事物。依照是一事，即亦是一动，故气于依照任何理之先必须依照动之理，然后方能动而有依照之事。否则气若不动，即不能有依照之事。

若依此说，则气于依照存在之理之前，即当先依照动之理而动，既动而后依照存在之理而存在而有。是则气于未有之前已能动，且依照动之理而动之前已先能动，而且真动。奇怪！奇怪！气于未有之前已能动，未动之前先已动，如是乃至可以说气于未动已动之前先已动……然而未有者不能动，未动者即未动。是则气终不能动，以未有故，如龟毛；气终不能有，以无动故，如空华；或气非是气，以有故，以动故，如禽虫狗马。又汝自说气之依照理者即成为实际的事物，依照某理即成为某种实际的事物，是故但有实际的事物而无真元之气，汝气必与存在之理合故，必与动之理合故。

著者又曰：有依照动之理之气，即有依照静之理之气，因为动静是对待的，若无静，即无所谓动。犹如有依照“在上”之理为“在上”者，必有依照“在下”之理而为“在下”者……夫……妻……若不依照动之理固然是不动，但此不动亦不是静，此是无所谓动静。动与静是对待的，若无所谓动，亦无所谓静；若无所谓静，亦无所谓动。……就事实说，是“动静无端，阴阳无始”。

此一段话，甚是难解。一面似说有两种气，一种气依动之理而动，一种气依静之理而静。如在上在下，为夫为妻，划然二物，此则有似旧阴阳家之说。一面又似说即一种气有时依动之理而动，有时依静之理而静。此如著者下面所说，阳者一物之生成，阴者一物之衰灭，物生必灭，生灭不停，故说动静无端，阴阳无始。一面又似说即此一气自于依照动之理而动时，亦即依照静之理而静。如下文举例，一物对此物为生存，对彼物即为摧毁；人坐舟上，舟行水中，人对舟为依静之理而静，即对岸为依动之理而动。故说仅依照动之理之气，或仅依照静之理之气，事实上是没有的。凡此种种，界划不清，真不知其所谓。然而依照动之理而动者，义谓依照即一动也；则依照静之理而静者，彼之依照仍一动也。则应静即是动，同一依照故，如动；或静即非依照，以不动故，如不依照。又气不能亦动亦静，静非动故，动非静故，如物不能亦黑亦白，又有又无。又气不应静，以常有故，常依照故，如常动之物。又汝若判气为动静两元，则不应说气时动时静，亦不应说亦动亦静，或即动即静。又汝若说气有时动有时静，即不应说即动即静。又汝若说即动即静，则应亦说气亦有亦无，亦存在亦不存在。种种矛盾，不可细说。

总观著者之意，气是无极，是无性、无体、无名、无相的。而同时又是依照存在之理而存在的，依照动之理而动的，依照静之理而静的。即有存在之性、动之性、静之性，而为存在的物、动的物、静的物矣。同时吾人更当了知，此依照存在之理而存在、依照动之理而动、依照静之理而静之气，必本为依照依照之理而有依照之性，能起依照之用之物也。何以故？依照是一事，此事必依照依照之理故。既依照依照之理，则有依照之性，即成依照之物矣。若然者，汝之真元之气必依照认识之理而认识，必依照思虑之理而思虑，必依照希望欲求之理而欲求。有认识之性，有思虑之性，有希望欲求之性，而为有认识、思虑、希望、欲求之物。何以故？能依照故，依照必依认识思虑故。依照必有希望欲求故。无认识思虑，则不能了解其理，而乱依照；无希望欲求，则虽知其理，而不动不为，即不肯依照也。故汝之气，必能穷理，必能致知，必能尽性，必能事天。何以故？能依照故，能认识思虑故，能希望欲求故。是则汝之气，非气也，非物也，心也，神也，上帝也。故能依照理，了解理，运用理。以成实际之事事物物，万化以出，天地以成，人物生息，威力无穷。

著者又曰：凡物皆能穷理尽性，但非自觉的。又曰：万物皆有心，但不能如人之太有心。著者表同情于唯物论者也，实则唯心论者也。非唯心论也，乃泛心论也；非泛心论也，乃唯神论也。著者自谓哲学家，非哲学家也，宗教家也。所以者何？气成一切物故，气依照理而成一切物故，气能认识希求故。依照一切理，全知也；成办一切物，全能也。非上帝天神孰足以当之？若谓宗教家之上帝非有，则汝真元之气绝对不能有。

（三）评理之有无

吾人已知纯料无极之气非有，次更审察纯真际之理，为实有耶，为无有耶？

依著者之意，纯真际之理乃一切事物之所以然之故及其当然之则，是本来自有不待他成的。一切实际的事物皆依照其理以成其性，理是一切实际的物的标准与极限。理是无限量的，凡有无限量的事物，即先有无限量的理。实际的事物虽未发现，而其理则已先具。故虽无其事，可有其理。其实际的事物虽已灭亡，而其理依然存在。故乃平铺放着，永无增减的。理但可以心思之，而不可以想像之或五官感觉之，乃存于纯真际者，即超然于实际的，故非光辉辉地实有一物。理有几种，曰有三种：一物理，如棹子之所以为棹子之理；二事理，如棹子动之一事其所以动之理；三关系的理，如此物在彼物之上或在其下，在上在下乃二物之关系，有所以然在上或在下之理。类而推之，方圆也，白黑也，动静也，草木也，虫鱼也，山水也，屈伸也，进退也，思虑也，意欲也，情志也，前后左右也，一切一切皆有其所以然之理。

著者言理如是其广泛，如是其神秘，实际求之，逻辑推之，果有如是之理乎？余曰难也！

且如方圆物之所以为方圆者，必有其所以然之故，此可说者也。然此所以然之故，在事物乎，在理乎？譬之注水于方瓶之中则水成方，注水于圆瓶之中则水成圆，此水之所以成方成圆，其故可得也。以承受之器本来方、本来圆，而水又有遇物成形之性，故尔成方成圆也。于此可知，水非依照纯真际之方圆之理以成方成圆，乃依照其所遇实际之事物之形而又有遇物赋形之性，故成方成圆也。此水之所以方圆之故，即其所以方圆之理，皆依实际，而不依所谓纯真际也。

又如匠人执规以为圆器，执矩以为方器，执刀锯绳墨而方之圆之，而方棹以出、圆棹以成。此方圆之故可得而求也。一者由于匠人之心有智虑，二者由于规矩之器能画方圆之形，三者刀锯之用，手工之巧，用力之劳，而方圆之物成，而方圆之形著。此棹等方圆所以方圆之故之理，咸依于实际的外缘之力，而不依纯真际的方圆之理也。

又如菜芥等之实、橘橙等之果，多成圆形。盐石等物之结晶体，多成方形。彼其所以成方成圆之故，菜橘等种，盐石等性，种子相生，本性自尔，不待外力，内自发生，内自变化，无其所以然而自然。依种依性，亦依实际而不依真际之方理圆理也。

如是以求方圆之故，所以方所以圆之理，可总答之曰：凡物之所以成方成圆者，或由外力之造作，如棹椅等；或由于种性之自尔，如果实结晶体等；或由于内性外缘之巧合，如水等。因非一因，理非一理，既无所谓纯真际之理，纵有亦不依照之也。

次论色等。黑人何以黑，白人何以白，种故尔；鹤何以白，乌何以黑，类故尔；雪何以白，煤何以黑，性故尔。此白黑之理之因之根于实际之物之本身者也。墙壁何以白，何以黑，涂故尔。此白黑之理之因出于外缘者也。若夫丝棉布帛之属，熏之漂之，黄黑者可使之白；染之煮之，则白黄者可使之黑。则以丝棉等既具可染可熏之性，又遇染之熏之，故尔或白或黑均可呈现。此白黑之理由于内外交互之故者也。理无一定，皆依实际。若夫离事物而但言白黑，而问白何以白，答曰白故白。黑何故黑，曰黑故黑。犹之夫问白人之子何以白，黑人之子何以黑，答之曰白人之子故白，黑人之子故黑。雪性何故白，雪性故白；煤性何故黑，煤性故黑。又犹之乎有问著者曰，依方之理何故方，依圆之理何故圆，亦唯答之曰此问不如理，依方之理故方，依圆之理故圆。其他一切，无不如是。必谓有白之理而后白，依红之理而后红，皆不如理之问。于此而曰白有白之理，黑有黑之理，皆非理之理，无理也。

形色如是，事物亦然。吾人若问事物所以然之故与其当然之则，则必实地求其因由与其结果。如有禾稼于此，吾人而问此禾稼所以然之故，则吾人可得其因由多种。如谷麦等种，一也。土壤，二也。人工，三也。肥料，四也。雨露，五也。空气，六也。日光，七也。故可答之曰，此禾稼之所以生长成熟者，乃以先有种子，由人工播植之于土地，施之以肥料，润之以雨露，动之以风，晒之以日，诸缘具足，故禾稼生长成熟也。此即一物所以然之故也。又如有问：假若吾人播种于地，雨旸以时，人工不失，则当得何结果？吾人即可答之曰：若然，则必得禾稼生长成熟。此即一事当然之则也。又如有宫室于此，吾人问其所以然之故，则可答之曰，有人欲得宫室之居以避风雨而立家室，以其资财，纠集人工，采买木石砖瓦，大匠设计，施之绳墨，小匠琢削，施之斤斧，众缘既合，而宫室成矣。吾人既得资财人工，众缘无缺，欲为宫室，诸事克谐，而求其当然之则，则必有宫室者随之出现矣。其他一切事一切物，莫不可以此类推，此之谓事物之理。所谓理者，有其内容，有其因素，有其成果，无不依于实际的事物。宁有种子人工等不备，但依禾稼之理而禾稼成；工匠材料不备，但依宫室之理而宫室成哉？善哉作者之言曰：言空间者，就事物之并列说；言时间者，就事物之继续说。世无空头的空时，当知亦无空头的理，以为实际的事物之所依照也。

然而著者之言曰：凡方的物，皆依照方的理以为方；圆的物，皆依照圆的理以为圆；乃至人的物，依照人的理以为人；狗等亦尔。世间有无量无边的物，皆依照其类之理以为其类之物。圆的物虽无量，而圆的理则一；乃至人虽无量，人理则一。世无绝对的方圆之物，故有甚方甚圆者，有不甚方不甚圆者，则以其所依照之程度之大小不一致故耳。然既同一类，则必皆依照于同一理。此之理，名曰极。极者，为众物之标准，又为其极限也。故圆理为圆物之标准，而又为其极限。以完全依圆之理则为极圆之物也，然世无完全依圆的理以成完全地圆者。凡此所说，皆似以理为一种本有的模形，或样式、样子。如彼第五章中，“自道德的观点或自事业的观点看，每一种事均有一种本然的至当办法。”第七章中说：“在知识方面，每一实际命题，如其是普遍命题均代表或拟代表一本然命题。”第八章中说：“每一艺术，对于每一题材均有一本然样子。此诸本然办法，本然命题，成本然样子，可以说是均在无字天书之中。无字天书，有人能读之，有人不能读之。能读无字天书而见本然命题、本然样子或其仿佛者，称之曰才人。”乃至谓文章本天成，妙手偶得之。一篇好诗好文，诗中文中稳当当用之文句皆是本然就有。君道臣道，父道子道，也都是本来平放著，不容人增减。圣人只是依照它做下去。如此说来，所谓理者，实在只不过是实际事物的标本、式样，并不是指一切事物所以生成的实际因素条件说。所以称为纯真际的，虽是一种式样，但彼不许为光辉辉地一物。他之避此光辉辉地一物，实在因其太近于光辉辉地一物。所以一切艺术家才人能心领而神会之，名为无字天书。实则无字天书者，正是有字天书，因无字则不名书，无形则不成样子也。然则所谓所以然之故、当然之则者，此故此则至为简单，不过依照其本有之样子而已。此其为说之难通有数点：第一，成物太易，但依照本然的理，便成其事物故。如依照房子的图样便成房子可不更用人力等。二者，物皆有心，物皆依照本然之理而成故，如前所说。三者，一切实际的事物应一时顿成。一切理皆本来具足，无欠无余故，不应次第渐成，而永无完成之日，或应一切不成。先时应成，理具故，如后；后应不成，理具故，如初。应一切皆成，理具故，如已成者。应一切不成，理具故，如未成者。四者，若谓理虽本具，待势乃成，势未至故，虽有其理而不成其事。所谓势者，著者以为即实际的条件也。若尔，势既具足，事物自成。弦竹既具，工巧既至，而弓成；机械既足，材料既备，人智既到，而飞机自成。岂待空头之弓之飞机之理哉！禾稼宫室之成亦尔。若谓人造飞机必照飞机之理，则当知造之者智也，非理也。若谓智必依理而后造，则草木之生，山之成，水之流，火之然等，皆有智也。以皆能依照理故。若尔，应草木土石山水等物，皆是才人，皆是圣人。何以故？以皆能依照本然之理故，以常常依照本然之理故。若尔，汝何故唯许才人能读无字天书？何故唯许圣人常在圣域？故彼所说，进退不成。

又著者谓理为事物之极，事物未有全依照其理者，故实际的事物未有全合其极者，故世无绝对的方物圆物等。然而又说每一事物皆具备若干的理。又云：要到某某的情势下，方能有某某的事物产生，以表现某某原有的理。吾人依著者的意思，可得如下的推论：即每一实际的事物，皆各依照其固有的理，而没有与之共同者。即说事事物物各有一极。所以者何？如同属生物，即生物为一极，而生物之中又有植物有动物，即植物动物又各自为一极。所以者何？生物之极虽同，而动植之极各异故。如此植物动物中又各有若干种类，如爬虫类、哺乳类等。即又有一爬虫之理以为爬虫之性，而成实际的爬虫动物；另有哺乳之理以为哺乳之性，而成实际的哺乳动物。即此哺乳动物中有若干种类，如反刍类、非反刍类等，即又各有一反刍非反刍之理以为反刍非反刍之性，而成实际的反刍动物非反刍动物。非反刍动物中又有人、马、犬、虎等。人中又有黄种、白种、黑、红、棕种等。黄种中又有中国人、缅甸人、倭人等，即又应各各有一中国人、缅甸人、倭人之理之性。中国人中又有张、王、李、赵等族姓，张姓人中又有张良、张飞、张九龄、张邦昌等，或文或武或忠或奸或智或愚等种种不同，即又各依文武忠奸智愚等等的理以成其性。吾人旷视万物，总有总类，别有别类，别类之中又有别类，以至单独的个体。既然总依总理，别依别理，则单独之物自亦依其个别单独之理。所以有总类者，以其大同；所以有别类者，以其小异。大同之极，既万有而皆同一有；小异之极，岂不一人一物一花一木皆有其单独固有之个性哉！既大同之中有一共依之极，即个体之中有一别依之极。故物物皆有一极，何以故？物物有其个性，无全同故。既物物各有一极，而此极为本来固有，如说飞机未成时已先有飞机之理，是则张三未生以前已先有一张已之理在等他生，李四亦尔，冯先生亦尔。冯先生未生以前，无始时来，已有一冯先生之理。又吾人再加观察详细分别，又可了知每一事物不但自有一极，且有无量极。何以故？每一物前后相续，性常变故。如人有少年壮年老年等不同，少年之性壮年之性老年之性即各异。而少年壮年老年中又年年有异，月月有异，日日有异，时时有异，分分有异，秒秒有异，刹那刹那亦复有异。既然刹那别异，即其所依之理刹那别异。是则张三李四者，非但张三李四一理之实现，实乃前后不同刹那别异的张三李四的无穷的理，依张三李四的生命以历史的方式而实现之也。故张三不依张三之一理而生，乃一串的张三之理以历史的而次第表现之于张三也。既然宇宙全体众理之和为一太极，应张三李四等亦为其前后众理之和而为一太极。故可以说物物有一太极，人人有一太极。宇宙事物众理之合为一大太极，一事一物众理之和为一小太极。吾谓宋儒物物太极之义应如此解。

在如此推论之下，吾人可得一结论，世间只有殊相之独存，别无共理之依照。所以者何？物物自有一极，则别无共依之极矣，即无大太极；刹那自为一极，则别无常依之极也，即无小太极。既世间无一物全同，亦无刹那之重现，重现实另一理事之现也，故舍别无总。但有别理，别无共理。若谓各种圆的物皆依圆的理，圆理为标准以为所依照，其不甚圆者以依照之程度差耳。方亦尔，人等亦尔，善等亦尔。必有共理，始有别相，此实不然。夫云圆之不甚圆者，或为椭圆，或为扁圆；所以云不甚方者，或为长方，或为棱方。不知圆固可为一极，椭圆岂非一极乎？正方固为一极，长方棱方独非一极乎？类而推之，圆而稍曲或呈一角者，彼圆而曲呈一角，即自为一极也；方而略斜或呈凹凸者，彼方而略斜面呈凹凸，自又为一极也。吾人画人面者，自必以微圆微方，文理凹凸，而后耳目鼻口之形现，乃为肖于人面之极。是知形形色色，圆方斜曲，各自成极，岂必极于方与圆哉？人之性宜能群，则以群性为人性可也，则群之理即人极也，合此者为善，故人性必善。然而有不善者，不能太合于人理故也。此著者之言也。然著者又承认善固是理，恶亦是理，太合于善理者为太好，太合于凶理者为太凶。如是，善人自合于善理，恶人自合于恶理。即善人自合于善人之理，恶人自合于恶人之理；顶善之人自合于顶善人之理，稍善人自合于稍善人之理；顶凶稍凶人亦尔，半善半不善人亦尔。各自为类，各自为性，即各自为极，各为太极，宁有共同之人理以为其所依照，又宁有一善理恶理以为其所依照哉？且善恶是非之标准，以其合理不合理而定也。今作者既谓恶有恶理，最恶顶凶之人最合于凶恶之理，则世间最不合理者乃其最合理者也。是则一切事物无不合理，各合其理。如此则共理推翻，不为一切事物所共依照也。共理既经推翻，别理亦不成立，物自独立，刹那不再，而谓未生一切人物之前无始来已本具有一切人一切物之性以待其实现依照，又只供其一物一次之依照，此其言为神秘乎，为戏论乎？与其说一切之物依一切各别之理而成，一刹那物依一刹那之理而成，何如说物物自生，刹那自成之为愈乎？吾人儿时，初弄笔墨，盛水于盆，滴一滴之墨汁于水面，稍加震动，速以白纸印之，则有种种形色，如山如水，如云如雾，虽善画之工不能如其迅速巧妙，又且千张万张无一雷同者。在冯先生必谓此亦依一固有之理以成形也。若然，则若水与墨，是真善读无字天书者，岂不大可笑哉！是故依此推论，实际事物各具自性，不依共理。刹那变坏，生生相续，前后不同，亦不依照各别之理。由是可知，但有殊相，无别共理。

（四）评真际与实际

著者在续论及余章中，极严事物实际与真际之分别。大意谓：常人见有某件某件的事物，若将此某件某件的事物类别而统摄之，则入于实际。如说牛，即不问其为此个牛彼个牛，马羊人草木等亦尔。既能知类，更进而知理。如说凡牛有角，马不反刍，不问其究竟有牛马否。但如果是牛，则有角；是马，则不反刍。此即由知实际而知真际。人之知识，虽必根本于经验，故必先知实际的事物后乃知实际。既知实际乃得知真际，然既知实际，则实际的事物可以不管；既知真际，则实际可以不问，即为超越经验而优入圣哉！又何以知有实际？则以为实际可以统摄实际的事物，而实际的事物不能统摄实际。如说这个牛，不能概全牛，而牛则可概此牛，故知牛大于这个那个牛。吾人何以知有真际？则以真际可以统摄实际，而实际不能统摄真际。如牛必有角之理必真，而有牛无牛不定；方有四偶必真，有无方物不定。故真际超于实际，实际高于事物。既高于彼而能超彼，故知必不限于彼，而独自存在也。真际本然，本来即然；实际自然，自然而然。事物者，依照真际以成形赋性者也。

此一篇理论，在著者说得十分详尽，十分用力。唯以文辞冗杂，说义不畅，每令读者如堕五里雾中，以为神秘不可思议。今故略为贯串，揭示如下。吾人于此可以了知著者思想之入于迷途，根源即在于此。何以言之？自人之知识言，所谓实际者绝不能离实际的事物，所谓真际者亦绝不能离实际的事物而有。在著者之意，以达类私三种名可以代表真际、实际、事物。达为大全，为大一，即天、即物、即真际，则真际不过一大共名而已。类为别类，但统其类之所属而不能摄及余类，则实际者不过一小共名而已。二者皆为共名，故著者又说类即是理。若然，实际真际不可分，皆不过共名而已。而又以名即是理，真是难过。所谓实际的事物者，私名而已。实则离个别的事物更无所谓类，离类更无所谓总类。类也者，乃人对事物一一观其共相，于其共同处而觉其为一类，因而为之名。类之观念成，而后便于区别；名之施设起，而后呼召易。此皆人类知识运用，而无与于事物之本身者也。所谓无与于事物之本身者，非谓物无共相，不可类分，乃谓此物之生灭有无，成形赋性，自有其内在之因、外缘之力，绝不因类之观念而后成。类也者，仅人就物与物相似之点，用理智抽象以出之而立之以类名。类依事物之共相起，非事物形性由类起；由人所抽出，非离物而有客观独存之性者也。至于依类立名，名更假立。随时代、随地域，约定俗成。谓之为狗，或谓为 dog；谓之为人，或谓为 man。乃至一切。故类可是一，而名则有多。是假施设，何关于实际哉？小类别类如是，大类共类亦然。万物虽殊，必同为有。万物虽多，同一宇宙。故就此有性存在时空统名之曰万有，或宇宙万有焉。此则属说话之便，观察之便，非有其他奥义也。盖凡言有者必有所有，凡言存在必有所存在，因有人有物有山有水有草木禾稼而后有有之概念。且此有之概念，实又由于无之相形而后来，无亦目有相形而来。先时室有人，后时彼人去，则虽同在一屋，而先后之情形大异。对此人在人去两不同之形势两相形，而室中有人室中无人之意义出焉，此屋有人彼屋无人亦尔。有人无人如是，有狗无狗等亦然。然后再就有人无人、有狗无狗等中除去人狗等实际的事物，而单独的有无之概念成。此有无之概念之由来也。故有不能离事物，且不能离无之概念。设从来无有事物，则有之概念何由成？又使从来一切物常有尽有永无生灭过去之事实，则人常在有中，又何以知有有？有无如是，同异等亦然。凡是对事物而下判断分别之辞，皆必依待实体之存在与殊相之相违，而后有无可判，同异可分，是非善恶可决。宁有离事离物而有所谓大有也者？今既依事物而抽象得一有之概念，便谓一切事物之所以有，皆依于真际的有而有。物以有而有，有能有万有，则应万物以无而无，无能无万物。而有无又相待，同时而并存。即应宇宙间于一时中于时时中，于一处于处处，有相反不同之二种原理。一者有，二者无。有既有万物，无亦无万物，即应宇宙万物于一时处又有又无、不有不无、即有即无，真成戏论。不但万物不能有，不能无，有亦不能有，无能无有故；无亦不能无，有能有无故。如是则有无亦俱不可立，结果惟有纯粹的无而已，不能有也。实则，非一切无有，但无“有之一原理”耳。此等思想，在印度之胜论已有之，即六句义中之大有是也。彼又别立同异和合等，其说明万象有无同异生灭之理，较之冯先生所说尤严密，佛家斥为外道，破之不复成立者也。何事坚执？

若谓使真际实际如不能超事物而有，何以得为人所思虑？何以能统摄事物而事物不能统摄彼耶？此疑亦不难释。凡心之所思，不能实有其事而后可思，无亦能思。著者曾谓真际中不能有“无”之理也，然人仍可思惟“无”。龟毛兔角空华皆尔，体虽非有，仍可思之。况乃错觉幻觉，杯弓蛇影、风声鹤唳、草木皆兵，皆非实有，何不能思？若谓此但想像而非是思，则当知感想与思并不全离。觉弓影为蛇，觉草木为兵，就其取像错误则属于感与想，判断彼为实蛇实兵，则正思之事也。因彼不但觉有蛇兵之貌，且断彼是蛇是兵故。一切梦相，则皆是想；于相起实执，则皆是思也。思岂不能思无有，又岂因思可得便为实有哉？吾人当知：思之所得，每非实有，即类与名是也。此在心理学或哲学上名为观念概念，执观念概念以为实际真际的有，是真唯心论之极者也。

至于类名可以统摄事物者，当知类本自若干乃至无量的事物中抽象而出，本用之以统摄全体者。如士卒有若干，而统之以某某军、某某师；学生有若干，而统之以某某班、某某级。编排编队，此为人所有意造作之者。岂果先有一空头之理、空头之类，以待事物之来而施之以统摄哉？类既本为人造以摄全体者，何怪其能统摄。又如说一升米、一粒粟，当知除彼实际的米粟之个体外，绝无所谓一升一粒也。然而升斗之量固大于每粒之米粟，当知每粒之米粟是实有真有，而空头的一升一粒是假有也。类之说出者则为名，在著者以为名即是类。如云：培根说，上帝说宇宙间事物，人若能叫出它的名字，即可使用之，能叫出它的名字者即知其属于何类也。知其属于何类，即可用人已有对于此类之知识以统治之、利用之。即此愈知类是假。何以故？以名是假故。名何以假？人所施设故，约定俗成故，非本来有故。如小孩初生，未有名字，不便呼唤，因为之立名。其父母有好面子、有野心者，则立之佳名，如云良骥，云国宝；其父母有迷信、惧凶折者，则立之恶名，如云野狗，云猪娃。其实此子非狗马也，而狗马可以名之。既名之，则习成之。名之者，受名者，乃至一切人群，皆公认之。彼虽非狗马等耶，然而一呼良骥，而良骥应，一呼野狗，而野狗应，仍可使用而统治之。名之为假，彰彰矣；则类之为假，亦彰彰矣；则真际实际之皆假，亦彰彰矣。何以故？不过皆诸物之类名、达名故。或谓名类既假，何以吾人一知其类一知其名便知其物之性耶？曰，类之成也，先自事物中抽象出若干共同之性，又综合之以为某某之类，更标帜之以为某某之名。名也，类也，先自各别事物诸性组合而来，今既知其类与名，自已知其性矣。吾人依四蹄两角反刍体大力大者，立之牛类牛名，则一闻牛名而四蹄两角反刍体力俱大者诸性自至。虽然，此亦必先于牛之内容先有了解，对于牛名有习惯者，而后能之。否则深宫之孩提，素不知牛，则语之牛而茫然；外国之人，不谙中国语言，则语之牛而亦不解所谓。然则，类也，名也，皆从经验来，仍从经验去。经验全无，而欲冥目静观实际真际，超经验而入圣域，固知书生不可以用兵，顽空只足以见鬼而已。

吾人有一譬喻：一人生子，子大生孙，子孙渐能独立，则可以离开祖父自营生业，其后祖父老死，子孙犹存。于是便觉祖父无常，子孙常住；祖父幻有，子孙真实。便曰：吾之祖若父，皆我所生，我所长养，设无我者，彼尽非有也。冯先生之分别事物实际真际亦然。其言曰：吾人由实际的事物而知实际，由知实际而知真际。但既知真际，则可离开实际；既知实际，则可离开一切个别的实际底的物。又曰：一切实际的事物，皆依照真际的理以成。真际者本然也，本然而然；实际者自然也，自然而然。独彼实际一件一件的事物则非本来既然，非自然而然，乃依据依照真际之理真元之气而后成者也。自知识之获得，则事物父也，实际子也，真际孙也；自妄想之拟议，则子孙本有，而自然事物乃其所生育长养者也。真是笑话！其实此喻不伦，盖人之生子，子之生孙，父子祖孙，皆实有者。依吾人之论，则事物为实有，实际真际皆非有，皆妄想而已。

著者曰："类必有实际的分子，因其如无实际的分子即无实际，亦即无'我'，一切经验均不可能。公孙龙说：'使天下无物指，谁径谓非指。天下无物，谁径谓指。天下有指，无物指，谁径谓非指，径谓无物指。'彼之言指，是纯真际的理，物或物指，是实际的物。若使仅有纯真际的理，则讲说指之人亦无。现讲指者其谁耶？故因有讲说指之人，即可知大共类必有实际的分子。"此一段话甚好。即是说，纯真际的理不能离实际的分子。然而他偏又说：真可无实，真未必不虚。真为本然，"冲漠无朕，万象森然已具”。机势到时，实际的事物乃依照之而产生。是则天地未辟，人物未生，而万理皆具。至今乃至无穷的未来，都代演不穷矣。又说：类有空类，空类者无物而有类者也。一切一切，皆自矛盾。奈何！

著者之论真际，一面以大共名大全总类等目之，其不合理已辩之矣。又一面，著者则以为真际者乃事物所以然之故，如圆必有其所以为圆者，方必有其所以为方者。然著者对于方圆之理始终无所说，仅举一方有四隅为例。其实此方有四隅亦不成方之理。所以者何？人因见四隅之物而加之以方之名，故方本自四隅出。今问何以故方，曰以有四隅故方，反是问何故有四隅，还可答曰方故有四隅。考者老也，老者考也，走者行也，行者走也，实无多大理由。盖著者所谓真际之理原不过意想的事物之模型而已，别无理也。

又冯先生说真际、实际、实际的事物三个范畴，可谓括尽万有无余矣。然彼所谓真元之气者，自始至终不说归于何种。气极浑沌，理极分明，气当然非是真际的，然亦不是实际的。实际可以经验思议，彼气浑沌不可思议故。实际者，乃气与理合而成者，真元之气未与理合，乃单独存在故。既非实际，自更非实际的事物，故三者皆不可属。吾人甚为惊讶，冯先生立说其至精之范畴，乃不能赅括其至根本重要之法数。真元之气无有地位系属之，何也？

统观冯先生之理论，每每理事不分，名类混杂，因果倒置，思想矛盾，说不完的缺漏。统而言之，其所谓真际者非真，其所谓实际者不实而已矣!

(五)评两仪四象

吾人既将新理学的理、气、事物、实际、真际根本推翻,即新理学根本不能成立。次下更将其枝叶可批评处,再加批评。

(一)两仪。著者之意,两仪即阴阳。阴阳者,乃一事物之成因毁因。成因曰阳,乃其气之动者;毁因曰阴,乃其气之静者。一事物有其积极建设之分子,或在内,或在外,故能使之成。此诸分子可以相续,故可以维持某物于多时。但一事物既有积极建设之分子,亦即有其消极破坏之分子,故能使之毁。此亦是相续的,阳以助成事物,阴以阻碍事物。老子说:"万物负阴而抱阳。"故"无一物无阴阳者"。一物之阳与一物之阴,各可以无量,有重重无尽,似华严宗所谓因陀维境界者。由此,可以了解实际的事物之存在何以不是永久的。盖一事物之阳成分既多,必需会合无缺,然后此事物方能成为实际的有。佛家说:一切事物都是缘生,必诸缘和合方得成就是也。若此诸成分中有不备者,则此事物即不成就。已成就者,即归坏灭,佛家所谓缘缺不具也。就一事物之阴说,则不必其所有之成分完全具备始能与一事物之成就以阻碍,其每一成分即一阻碍,所以事物难成易毁。极坚牢之事物亦无永久存在者,佛家所谓无常是也。我们又可了解,何以实际的诸事物对于其所依照之理即其极说都是不完全的。盖一事物之阳皆受其阴之阻碍,其阴不但阻碍其阳以致其不能永远继续依照其所依照之理,且阻碍其阳以致其不能完全依照其所依照之理。

此一段话虽大体不错，但如作者之意谓有阳即有阴，相待而后立，同时而并存，则与诸事物生起之理不合。盖既同时并有，阳在使事物生存，阴复在使事物毁灭，即应此事物者生时不生，存时不存，有毁灭之者故；亦应毁时不毁，灭时不灭，有生存之者故。如此一事物阴阳并具，重重无尽，既无生存，亦无毁灭也。若谓生时无阴，灭时无阳，则又与阴阳并存之说不合。且亦与阴不但阻碍其阳以致不能永远继续依照其所依照之理，且阻碍其阳以致不能完全依照其所依照之理之说不合。以此，即是说事物生时仍有阴也。既生时有阴，使不能完全。亦应灭时有阳，使不断绝。若谓阳之生物也难，而阴之毁物也易，则是阴阳之势力本不齐等，阴盛阳衰，则应万物有毁无成也。

（二）四象。著者依佛家成住坏空之意，立成盛衰毁之四象，以为一事物存在之阶段。以⚊符阳，以⚋符阴，以少阳⚎，太阳⚌，少阴⚍，太阴⚏表示成盛衰毁变化之理。⚎有阴未克服，但阳正在增长，故事物以成。⚌阴已完全克服，故事物以盛。⚍阴对于阳之阻碍又显著有力，故事物以衰。⚏阳已为阴所阻碍而消尽，故事物以毁。

此段所说，与阴阳并存之说不合。⚌也者，有阳而无阴也；⚏也者，有阴而无阳者也。即非并存，且不能并存。⚎⚍也者，半阴半阳之候也。⚎之时有阴未克服，万物何以得生。⚌之时阴已尽克服，何以事物不能完全依照其理以致夫其极？⚌之时既全盛矣，何以突有阴出乎其下而成⚍以至衰？盖⚎之时尚能拔除余阴使归消尽以成⚌。⚌既处极盛之势，阴已无有，乃不能防御保持而使一阴突起，以至于⚏而阳气消尽。此亦最不合逻辑者也。若谓⚎⚌⚍⚏者乃万有本然之现象，成已必盛，盛已必衰，衰已心毁，别无理由可说。则即阴阳亦不须立，彼自会成盛衰毁故。

详作者之误，乃以机械式的道理以观察阴阳，以观察物变，其实事理不如是机械也。盖物之生也，有其内因，有其外缘，有其障碍。譬如禾稼，种子其因也，雨水土壤人工等其缘也，天灾人害其障也。禾稼之生也，一待其内因（种子）发生之力，二待其外缘（雨等）资助之功，三必其障碍不现前，无之无害，不违其生也。宁有阴阳并存顺违俱起而有物生哉？至一物之不生亦有多因：一者因被损害，如种焦芽败，生机已失；二者诸缘不具，资助无功；三者违缘为障，令不得起。不全在障碍也。至物之生已而毁者亦有多因：一者效用已见，功成身退，果结而花自谢，秋至而叶自凋，无用则消，非由违缘也；二者生机已尽，别植余种，木老心空，渐至凋败，非由障碍也；三者恶缘为障，则雨打繁花，风折嫩条，人之忧伤成疾，纵欲亡身，及诸自杀，则违缘亦不纯在外也。总而言之，一物之生成也，有其内在生存之力，而此力之大小，随物类而不同。草木之生，久暂既殊，人兽之命，长短各异，果达到其顶点，则虽无阻碍必灭。虽具因力，无缘仍不能发展，故必待缘。因缘虽备，而障碍忽至，则虽未至于其所应成熟之境，而已有夭折凶终者。则成而不必其盛，而已消已虚；或盛而不必其衰，已至于灭。健夫暴终，伐木为栋，谁见其衰欤？故阴阳不足以概事物之成毁，四象尤不足以概事物之盛衰。且一物之具足四象者，全在生机内力发展之序，不关于外物之阻碍违损也。如有阻碍违损，在人必非寿终正寝，在物必非成熟坚老者也。故著者对阴阳之理既未尽，对四象之理尤未当也。对于四象既破，则后之十二辟卦，自复至乾自姤至坤之说之无当，准此类知。

吾人既知每一事物之生长老死，重在内因生机势力之发展。吾人又当知，一事物之成形成性，亦由其种性内因之自具。种瓜得瓜，种豆得豆，乃至一切。瓜之种芽茎枝叶花等，莫不有其固有之性、固有之形，随其生机之发展而次第表现。雨水等缘助其生长，亦助其成形成性，是皆本其固有之性自内发展，岂以虚无飘渺之空理以为其所依照哉？无生机而纯赖依待以成形者，唯机械之物，钟表飞机房屋等而然耳。彼既有所依据，又有其所依照，又有扶持之力使之成住，又有破坏之力使之坏空，故阴阳之气、四象之迹，皆可得而称焉。今以此机械之理概括万物，宁不谬哉？且既以机械说宇宙，乃不立造物主之上帝，亦与人造房屋之理违也。故新理学退则为机械的唯物论，进则当为武断的神造说也。

（六）评道及天道

昔者周濂溪作《太极图说》曰，无极而太极。所云无极太极者，可曰宇宙之本体，万化之源泉。无极者，言其储能无量，不倚一极；太极者，言其致用广大，靡所不周。由其无极，是以太极。故太极动而生阳，静而生阴，以至万化出焉也。虽《太极图说》多所难通，无极而太极义亦多诤。依如此解——王船山有此解——文句未尝不通也。犹之老子曰：无为而无不为也。凡言甲而乙者，此甲乙若非一事之两性以而字联系之，如云良将勇而智，或云地球形圆而略扁。则必为一事之因果，以而字表示其相关，则老子之无为而无不为及周子之无极而太极是也。今著者之论道也，曰无极者真元之气，太极者全体之理，无极而太极者，自无极至太极中间之程序，即我们的实际世界。统而言之，名之曰道。又曰：无极而太极，此“而”字即是道。此语真是难解。无极极浑沌，太极极分明，无极无一切性，太极具一切理，乃决不相同者。今以“而”字系之，既不可以表示其为一物之具两性，又不可表示其有因果关系，直等于说石头而飞机。此“而”字既已不通，乃即是道，天地间有如此不通之道而可以为大用流行造化不息之体也欤？故无极而太极之言，依意应改作无极太极合而生起万物，或无极依照太极而成万物，或太极依据无极而成万物，其语庶可通。然何以能依照依据，中有若干困难，则前已破之矣。

《易》曰：一阴一阳之谓道，继之者善也，成之者性也。易之所谓一阴一阳者，意谓宇宙万化，多缘共成。孤阴不生，独阳不长，故必天施地受，刚柔相摩，乾知大始，坤作成物，两相为用，而后天地变化万类繁殖，故曰一阴一阳之谓道。于六十四卦中泰之《彖》曰：“泰，小往大来，吉，亨。则是天地交而万物通也，上下交而其志同也。内阳而外阴，内健而外顺，内君子而外小人。君子道长，小人道消也。”泰之为卦，䷊，上坤而下乾。阳尊本居上位，今来居下；阴卑本居下位，今往居上位。所谓小往而大来也。此天气下降而地气上升之象，则是天地交而万物通也。于人事则民意上达而君恩下施，则是上下交而其志同也。志同也者，众志成城、和衷共济之象也。于立身修德，则内阳而外阴。阳气以发扬为性，而其弊也，涣散而无节，内阳则涵蓄而有力；阴气以沉聚为性，而其弊也，停滞而无用，外阴则受物而有功。健德刚强，过则横暴而不仁，内健则自强不息，不以陵人也；顺德仁柔，过则颓靡，外顺则宽容蓄众，而不自失也。君子好高名而傲物，小人重实利而贪权。内君子而外小人者，君子以礼下人，而不绝物，故入内而居下也。小人自揣无德，舍轻权利，而出居于外也。入内者，劳其心志；出外者，尽其筋力。各得其用，而互效其能，故曰君子道长小人道消。尽君子下人，而德足以化小人；小人尊贤，而耻其不为君子。长至于人人皆君子，消至于天下无小人。如此则在国而国治，在天下而天下平，于宇宙则为天地交泰之象。此乃阴阳融洽而成化，岂阳与阴争，逼阴居外，君子入朝，摒绝小人以为泰也。其否之《彖》曰："否之匪人，不利，君子贞，大往小来。则是天地不交而万物不通也，上下不交而天下无邦也。内阴而外阳，内柔而外刚，内小人而外君子。小人道长，君子道消也。"盖否之卦，䷋，上乾而下坤，本当其位也。然正以固处其位，天不施而地不受，两相隔绝，是以成乖否之象。故万物不通而天下无邦也。阴气内结，阳气外逸，志行柔弱，而对人刚暴。小人贪权利，而君子矜高名。于修己则德行不立，于处世则捍格不通，于家国天下则纷乱靡宁，于宇宙则天地闭而乾坤或几乎其息也。《易》曰：立天之道曰阴与阳，立地之道曰柔与刚，立人之道曰仁与义，言乎相交为用而和合成功也。如此乃有万物之化生，盛德之立，大业之成。今冯先生曰：阴者，万物生长阻碍之分子也；阳者，万物生长顺成之分子也。一为消极的破坏，一为积极的建设。故万物成盛由阳，而衰毁由阴。⚎少阳者，阳气初生有力克服阴气而未尽也。⚌太阳者，阳气独盛克阴已尽也。⚍少阴者，阴初起而阻碍阳也。⚏太阴者，阴独盛而消阳尽也。由是而万物以之成盛衰毁，故曰一阴一阳之谓道。又详而辩之，则有十二辟卦，复、临、泰、大壮、夬、乾者，万物生长成盛之阶段；姤、遁、否、观、剥、坤者，万物衰败毁灭之阶段。一切事皆经如是周期以成毁。依冯先生之易理，阴阳势不并立，刚柔常在斗争，如是则全部《易经》只有一否卦而已，何得有泰？六十四卦皆阴阳交争之卦，泰卦亦阴阳斗争之卦，亦否卦也。如是则焉得有天地变化生生不息之易耶？冯先生曰：一阴一阳之谓道。如冯先生之所谓阴阳，以易理正确之定理解之，只可曰一阴一阳之谓“不道”而已。道云乎哉！

如冯先生之所谓道，一、无极而太极，则飘渺而无根。所谓道，“而”而已矣。真不知如何“而”法。二、一阴一阳之谓道，则矛盾而相违。所谓道，“不道”而已矣。吾谓无极而太极之“而”，太玄学了。其一阴一阳之谓道，则波斯袄教有之，彼主张有善恶二神，常相斗争，一主生成，一主死亡故。又西洋之唯物辩证法有之，彼亦主张由矛盾而斗争，由斗争而变化故。然此一切均不可加上易学、加上理学之名。以其所谓易者非易，其所谓理者非理故也。

或谓：冯先生所论虽不与《周易》合，然还不防自成一部《冯易》。果能说明道体，亦何伤乎？答曰：如果冯先生之说说得通，或者比《周易》更通，则吾人正不防两者并存，或舍《周易》而取《冯易》。无如冯先生之说说不通也。何以不通？吾已于评两仪四象中评之，此姑不赘。不过对其反复日新一义，尚不能不略加批评。著者曰：物之成毁，阴阳为之也。成已必毁，毁已复成，如此反复而日新，故宇宙之大化流行，而天道不息也。若一事物既毁，其后即无继之者，则实际的世界可以说是“或几乎息矣”；若一事物既毁，无与之同类者继之，则实际的类亦要“几乎息矣”。事实上一事物既毁，不但另有事物继之，且有同类之事物继之。“无往不复”“物极则反”，变化不已，反复日新，即是大化流行。又分此日新为四类：一、从类之观点以观其类中之实际的分子之生灭，则道体之日新是循环的。二、从理以观其实例之趣于完全或不完全，则道体之日新是进退的。三、从宇宙以观实际的分子之类之加减，则道体之日新是损益的。四、从个体以观其自一类以入于另一类之程序，则道体之日新是变通的。

如是分析，颇成美观。然而其不能成立者，以未能说明所以日新之故也，又其所说多与事实相反也。依作者以为事物成已复毁，毁已复成，生生灭灭，如此往复，而天道以日新者，必成已复毁，毁后复成也，故曰一事物既毁，即另有一事物且有同类之事物继之。然则此一事物不毁，即不更有另一事物继之矣。俗语亦云：长江后浪排前浪，世上新人逐旧人。意谓后浪之来，即前浪必去；新人既生，则旧人必死也。即通说宇宙间事物是互相矛盾，两不并立，以斗争之方式而生灭相续者也。自吾人观之，则恰与事实相反，且如生物之生灭，根芽苗生也，而种子坏，果实既成矣，而花叶坏，似为矛盾矣。然而根芽叶之生，即蓄能于种子；果实之生，即成长于花叶。相引生也，非克治也。后果既成，而前因随灭者，前因亦即储能于后果中，待后缘以续生，非断灭也。故生物之生也有因，其灭也有种。于其未灭，已备更生。生机不停，而后乃有继续日新之可能。岂如牛马践踏，违缘损害，苗坏稼伤，种子破烂，一毁无余，而复得有种类之反复以日新哉？又种之生芽要在正为种时，非种既毁芽乃生也；花之结实要在其正繁盛有力可受胎时，非残花摧毁而可结实矣。至于树木之属，则新实成而母木仍在，不妨与其子孙并生千年；人禽之属，则父母生子，抚育长养，待能成立，然后卸责，亦不妨父子同生岁月。至鸦有返哺之情，人有孝养之义，则不但同生，又且慈孝互养，此生物之所以嗣续不穷也。人类社会亦复如是，前一代之辛劳勤苦，已冉再为后一代谋；后一代继续前人之功，复以之传于后一代。智慧经验之授受，道德文章之教学，培之植之，辅之翼之，后一代人未能独立成长，则前一代人不可死也。由是而后国家以立，由是而后文明进步，由是而后种类繁殖，无处无时不见相生互助之义。岂果曰阴阳矛盾相攻相杀毁已而后生哉？故生物之生生不息，全视其生机之原未有停，非毁已复生也。无生之物，所以能相续不绝者，则风动水流，火然山峙，但有位置之转移，非有质力之成毁。机械宫室等之成唯待人造，其毁也或效能已过，或外遇摧残，生非自生，再生即永无望。设有人另造，则又是一事，与先屋无关也。循环关于物性，进退因于人智，损益随于外缘，变通者文物制度礼教政俗之因时地而制宜者也。孔子曰：“殷因于复礼，所损益可知也；周因于殷礼，所损益可知也。其或继周者，虽百世可知也。”圣人因古之道，顺今之情，化而裁之，以成盛德大业者，别是一事，又与生物变化生灭不可一类谈之也。冯先生阴阳之说，生成已难，日新尤复无望。以绝对矛盾冲突之两种势力宰驭万物，而求天道之变化生养于不穷，难也！难也！

（七）评心性

宋之儒者，程朱之徒，谓宇宙有一太极，备众理而为万物之则，万物依之以成性。此理即性，所谓义理之性也，故曰性即理。此理至善而不妄，故为万事万物之则也。人亦秉此理以成性者也，人既秉人理以成人性，理无不善，即性无不善。然而人性乃有不善者何哉？于是宋儒别归之于物欲之蔽、气禀之拘，由是而别立气质之性，以异于义理之性。性无不善者，义理之性也；其有不善者，气质之性也。然而此气质之性何以会不善？冯先生曰，气质之性必依据于气质，由于气质或气禀之未能十分依照义理之性以成性，或止得似其八分七分，故有不甚善，实非不善也。又有时其所成之性不但不能合乎于本然之理，即普通实际的标准亦未能合，则亦可名之为坏，为不善也。又人既依人理而有人性矣，何以有物欲之私耶？冯先生于此又有一极善巧之解释，彼谓人虽为人而有人性，但同时复为物而有物性，为生物动物而有生物动物之性。依人性所发出之事，则有杀身成仁、舍生取义等高等之行为；依生物动物之性所发出之事，则有贪生爱身之行为。此贪生爱身之行为，本为动物之常性，无所谓恶，且可云善者。在不与人性所发生之事冲突时，即饥食渴饮避危就安，亦为人正当之情欲、正当之行为也。不过在生我所欲义亦我所欲二者不可得兼时，不能从人性而作高等之行为，乃从兽性而作低级之行为，则不得不谓之恶也。其所以为恶者，非本性的恶，而对人性冲突时名之为恶耳。故云人性善者，当就人性以说，乃所以异于禽兽者之几希者耳。人既为人而皆有人性，皆可以为善，故人性皆善，且俱生即善。情欲之云不善者，亦但就其私，而与人性发之事冲突时为然，本非不善也。此一种解释，最能补充宋儒之不足。吾昔年作《孟子新疏》亦如是说。不谓与冯先生相同，极喜！不过若依新理学之系统，此种说法，尚有可批评处。第一，性所依理不能成立故，如前已说。第二，纵许此理成立，则应一切事物一切人类唯善而无不善者。所以者何？所依之理无善故，即气质之性亦不必立。何以故？在真际界为理，依真际之理所成者为性。则性本实际的，凡云性皆即气质之性也，另无义理之性，以彼即理故。理为虚，性为实，虚理不能起实用。故必依据气而成性之性乃能有情志动作之用也。此性既据气依理以成，何以会不完全依或只依七分八分耶？曰，气为之拘耳。当知此气不能为拘，彼为全无性之物，亦无意志等，如何能不受理之主宰而任意不依乎？故不依即全不依，依即全依也。但说止依几分所以不十分善，而不能说明所以不全依之故，未为得也。若谓如飞机然，飞机之理虽全善，而造之者方法未善，气材不精，则机成坏机。此亦不然。飞机者，人造之物，机械也，非自然也。而一切生物乃至于人皆自然物也，自然之物其所以成形成性者，皆必适当其可，恰如其宜而生。宁有人智之巧拙，材料之美恶，得杂凑而成之哉？倘谓一切事物乃至人性皆亦有人智巧拙之得施，材料美恶皆可凑，则应别有一笨拙不善巧之上帝创造于其间也。故依作者之系统，万事万物既皆依理以成性，即世间惟有善而无恶，且无不善者，且皆至善者。

至于一人之身虽具多性，彼多性既皆依理以成，即皆应是善，而且互相调和。其所发之事亦应皆善，而互相调和，而不应冲突。以皆善故，事亦各有所依之理故。但作者又谓有不善与恶，且谓有恶之理。其言曰：不合乎一标准者是不善，反乎一标准者是恶。就其不合乎标准说，不善只有消极的意义。就其反乎一标准说，恶亦有积极的意义。由此方面说，没有不善之理，而有恶之理，于是有好凶、好坏、好恶之事，所以世间善恶矛盾，是非杂陈。然则太极之中，亦本不纯一，本不清净，本有若干矛盾冲突之理，彼亦应不善且恶也。又世间一切恶事，一切罪过，一切残忍不仁刻薄寡恩之事，亦有依其事之理以成，其依照之程度愈高，则愈好愈善。如是则极恶大罪之人，乃最能完全于其恶理者，应即最善之人矣。如此则善固是善，恶亦是善，是固是是，非亦是是，好固是好，坏亦是好。俗语云：公有公的理，婆有婆的理，媳妇子还有一片大道理。如此说来，诚可谓仁义之端、是非之途，纷然淆乱者也。所以纵许有一太极具备众理以为一切事物所依以成性成形，结果还是真际实际一塌糊涂，是非淆乱，全无道理。

宋明儒者既立理性以为万事之则，又立心以统之。其言曰：心统性情。又曰：性便是心所有之理，心便是理所会之地。又说性是理，心是包含该载、敷施发用的。又说人人有一太极，又说心之理是太极，又说物物皆有性情，更进则说有宇宙的心。其言曰：心之理是太极，心之动静是阴阳。唯心无对。心须兼广大流行的意看，又须兼生意看。仁者天地生物之心，只天地便广大，生物便流行，生生不穷。又说发明心字曰，一言以蔽之曰：生而已。心是个没思量的，只会生。其在陆王一派，则说宇宙即是吾心，吾心即是宇宙。天者，吾性中之象；地者，吾性中之形。又曰：人是天地的心。充天塞地只有这个灵明，人只为形体自间隔了，我的灵明便是天地鬼神的主宰。通观程朱陆王之意，在程朱则以为气质是呆的，理是虚的，绝不能依之据之以生物，故必有一团生意者充塞两间，以包载敷施而著其生物不息之用。此充塞两间之生意，即宇宙之心也。陆王一派则以为徒云生意，尚犹不足以定位成形司两间之造化，故必有灵明之心以司其用，乃能范围天地而不过，曲成万物而不遗。此一个灵明，实是天地之心，特寄著于人耳。人为形骸所囿，则将天地之心缩小以为自我之心，遂成其为小人。若人能打破形骸，则能通天人内外而一之，上下与天地同流，则人而复天也。故理学家穷理之极，必入于唯心论而后其学有着落。于以修身求仁，希圣希天，乃有入手处。今冯先生则又不然。取其理气之说，而遗其唯心之旨。其言曰：无论所谓心之性是生或是知觉灵明，我们不能承认有宇宙的心。心为实际的有，必依一种实际的结构，即所谓气质者以为所依据。但宇宙是万有的总名，它不能有实际的心所需要之实际的结构，故超乎事物之上有所谓宇宙的心是不可解的。从这一点说，我们同情于唯物论云云。我以为冯先生但要理学家的理与气，而不要他的心，这是绝对不可的。因为如没有心，便无敷施发用之具。无极而太极，是“而”不出来的；生生不息，是会不生而息的。此理我们已于首二、三章批评了。自然我也不赞成宇宙的心的说法。不过既承认有一切事物共依照之理，同依据之气，则必有共同之心而后可。如不承认有共同的宇宙的心，也同时必取消此共依共据之理气而后可。理也，气也，心也，三者不可离者也。犹之图式、器材、工师一样，要则俱要，不要则俱不要，不可一要一不要。西洋宗教家唯心论者，诚有说不通处，但比较唯物论通得多了。今冯先生学理学、治理学、讲新理学，但取旧理学的理气，而去其心，而同情于唯物论，真可说是取其糟粕，去其精华，买椟还珠，用夷变夏者也。至于共心之不合理者何在，除去此共理共气共心之外尚有可以建立之宇宙学说否，在我是谓为有的。此理甚深，此话甚长，非此所能说矣。

（八）评道德人道

冯先生之论道德之理曰：社会为人所共成，人为社会之分子，人必依照其社会所依照之理所规定之基本规律以行动，其社会乃能成立及存在。一社会之人之行动合乎此规律者是道德的，反乎此者是不道德的，与此规律不发生关系者是非道德的。一社会之人其行动可以维持其社会之存在者为道德的，阻碍之则为不道德的，亦不维持亦不阻碍是非道德的。一切道德行动之所同然者，是一社会之分子依照其所属之社会所依照之理所规定之基本规律以行动，以维持其社会之存在，此是道德的行动。

但社会可有多称，其所依照之理即多种不同，即其所规定之基本规律亦即不同。但各社会必有其所依照之理，而属于某社会之人必皆各依照其社会原理所规定之规律以行动，故行动各有不同，随时地而变。然就其能各依照其所属之社会规律以行，则俱是道德的。故社会可以有变，社会必有所依照之理之理不变。人之道德行为可以有变，但人必依照其社会制度以行动乃为道德之行动之理不变。

又其论不道德的行为曰，《庄子》：“跖之徒问于跖曰：‘盗亦有道乎？’跖曰：‘何适而无道耶？夫妄章室中之藏，圣也；入先，勇也；出后，义也；知可否，知也；分均，仁也。五者不备而能成大盗者未之有也。’由是观之，善人不得圣人之道不立，跖不得圣人之道不行。”照此说法，人可以作道德的事以达到不道德的目的，而且有些不道德的目的非作道德的事不能达到。照此说法，道德的事可以是不道德的，可以有不道德的道德。此说虽似奇突，但于道德之实际的用处则所见甚明。一社会如能组成，其中之分子必依照社会之理所规定之基本规律以行动。跖之团体亦是一社会，此社会如能成立，则其中之分子必有入先出后分均等道德的事。但于此社会既成之后，此社会可以作道德的事或不道德的事。正如科学发明可用以作利人的事，亦可作战争及盗贼的工具。但道德之本身即是道德的，何以能有不道德的用途？何以能有不道德的道德耶？则以社会有其理所规定之基本规律，为构成社会之分子所必依照以行动者。凡依照此规律以行动者，是道德的；反之，则其行动是不道德的。但一社会之上可有另一较高的社会，此一社会即为其较高的社会之构成分子。若此社会之行动不依照其较高的社会所依照之理所规定之基本规律时，则此社会是不道德的。但构成此社会之分子之行为，则系依照此社会所依照之理所规定之基本规律，所以是道德的。如在一国之内，杀人为最大的不道德，但两国交战，杀敌又是最大的道德。但若从一较国更高之社会之观点看，则负战争责任之国家，其战争行为又是不道德的。

由此可知：一种行为无论其为个人的或团体的，若不站在其所属之社会之观点看，则无所谓道德的或不道德的。

我们对冯先生如此的道德论，十分地感觉烦闷与不安。何以故？如此即是道德的破产论也。第一，道德之目的只在为求所属之社会之维持与存在，然则坏的社会如所云之盗跖团体者，苟能维持其存在，亦道德之行为也。第二，个人及团体之行为之道德与不道德之判断，完全视其是否有所属之社会。然则苟无所属之高于其本身之社会以临之，则人可以放僻邪侈，国可以侵略横暴，而皆非不道德也。第三，道德的标准只以服从其所属之社会之基本规律，则服从即道德，守法即道德也。依第一义，则是助纣为恶亦是道德。依第二义，则是有势力压服而后有道德。依第三义，则奴隶牛马虽无心受约束，但力屈投降皆道德也。凡此三义者皆不道德之尤，而冯先生持之甚坚，宁非破坏道德耶？

吾谓道德者，由方刚慈愍之德发而为正义大仁之行，所以净除垢污而利济有情者也。此之道德乃自心内发，而非由外铄，自觉而非盲从。心志之向上扩充，自强不息之效，而非卑鄙苟且以徇人者也。此言何义？云方刚者，即内心正直而不可屈挠之德。云正直者，遵守义理。云不可屈挠者，内不累于私欲，外不乱于势利。故内能自节其不正非礼之行，外能伸张其廉耻刚毅之气。直道往来，有为有守，此之谓正义之行也。云慈愍者，怍恒不忍之情，见人苦难，如同身受，思与拔济，视他如自，舍己为人。故发为大仁之行，而无私无求也，如此故能净除垢污而利济有情。云垢污者，在己则为私欲烦恼，在人亦尔，于世则为恶俗污风也。既敦仁义之行，自能净除内心之垢污，而使人性人格日进于清明，此正心诚意修身之功也。故曰：圣人以此洗心退藏于密，外能格化群众，移风易俗，使人皆有士君子之行，而治化淳美，此齐家治国平天下之功也。故曰：己立立人，己达达人，一夫不获若己纳而置之沟中也。如此岂不有情皆得利济也耶？如此仁义之行，自是由自心内发。仁则出于怍怛恻隐之情而不能自已，义则出于羞恶知耻之勇而莫能自欺。内情既允，故尔勃然而发，油然而生。彼杨香一弱女子耳，而为父格虎；田横之客皆匹夫耳，而为主杀身。以及自古仁人志士、节妇义夫，或慷慨以杀身，或从容以就义，苟非至情至性诚动于中，焉能刚健不屈广大慈悲直致其义而无怖畏哉？故道德之行为自心内发，非严之以法令，申之以教条，动之以利害，奖之以名闻，而可由外铄也。既为内发的，故亦为自觉的。所谓自觉云者，非徒道听途说知其当为之谓，乃诚积五中，心喻其故，曲折详尽，有不可向人言说之意，但可具此同情得以心领而神会之，此为真知，故云自觉。所谓如人饮水，冷暖自知者也。由斯自觉，乃能实致其德行。而岂粗知法令、受人鼓吹、一味盲从者，可得有道德之行哉？夫然，故道德为内心向上扩充，自强不息之效。云向上者，浮除垢污，人格之净化而日向高明也；扩充者，化除畛域，摄他如自，心量之日趋于广大者也。而根本于自强不息，自强故力图奋进，不息故久而不倦，如此乃能以高明而广大也。既尔，故道德之行为在时时增进仁勇，精神弥满，施及有情。义在拔济有情以同趋正道，而岂肯为势力之奴隶，受环境之束缚，苟且以徇人者哉？如此乃为真道德。若夫守国家之法律，依社会之制度，从风土之所安，随时流之所尚，此亦为立身处世应有之道。君子不立异以为高，不矫情以干誉，自亦与人同也。然而其真正是否道德，则尤当视其内心状态之如何。譬如服兵役以御外侮，此国民应有之义务也。然一者之来，乃由政府抽调，地方逼迫而至，非心欲也。一者乃自愿服役，然以家无依赖，藉此以免饥寒耳，则虽属自愿，非为国家，为自身耳。一则家既豪富，身有乐享，而丈夫有志，志在四方，宁死沙场，留名千载，生则荣贵，功图麟阁，则志在功名也。一则悲国之沦亡、世之糜烂，乃奋不顾身，慷慨从戎，不为功名，不求富贵，纯以救国救世为主义，更无私欲存焉。此四人者，为国家服兵役之行为同也，而所以服兵役者则异。谁者为道德之行而谁不得为道德之行欤？不待智者而知之也。孔子曰：“视其所以，观其所由，察其所安，人焉廋哉。”此言观人者，既当视其所行所为是正是邪，合不合法。又当观其为此行此之缘由动机，为利乎，为义乎，为私乎，为公乎，被动乎，自愿乎。更当察其所安，为出于一时之高兴，稍久即疲，而所安在余事欤。抑死心踏地，念兹在兹，专念精诚，安之不迁者欤。而其人格之高下，心志之浅深，道德之真伪可见矣！又曰：知之者不如好之者，好之者不如乐之者。则一事一行之方法虽同，动机虽同，而工夫之纯否，德性之浅深，又有三等之异也。既尔，则安可徒问形迹而不问心志也欤？由其心志之殊，故其行为之效能亦异。被迫而役者，得隙则逃也；志求衣食者，作战无力也；志求功名者，嫉人私己者也；悲愍国族者，舍身为国，成仁取义者也。善用兵者，必作其气。作其气也者，激励其国家民族之忠爱之情，使之自发自动，知耻以有勇也。

果能有真道德之行者，其于国家社会也，爱之卫之，然而不盲从其法律制度也。法律未善，必思正之；制度未良，则思变之。团体而作恶，国家而为非，则破坏其团体，解散其国家，而重新建设之可也，此则所谓革命之道德也。真有革命之道德者，皆有特立独行之操，悲天悯人之怀，行人所不敢行，为人之所难为，将以自我而转移国家天下，而岂一味遵照其所依之社会之规律以为道德者哉？孔子曰：“微子去之，箕子为之奴，比干谏而死，殷有三仁焉。”纣之不善，不但武王伐之而已，三仁亦不服从之也。纣为共主且不可苟从，安有从盗跖之群，人强盗之团体，而得诩诩然自矜其人先出后分均之勇义，而妄许以能维持其团体社会者以为道德之行为哉？至于帝国主义之侵略，人以杀人越货为业，此军阀野心家枭雄之奴役压迫其民众，麻醉狂瞽其民众，以事杀人越货之职业者也。此时枭雄之暴虐，既不得以无更高之社会制裁之，故便非不道德。其人民之从之者，不为帮凶，即为奴隶，更不得以其敢于杀敌而为道德也。有大英雄者起，真能诛独夫而解民倒悬，如华盛顿之叛英独立，如列宁之革命停战，乃真道德，而盲从者不为道德也。若夫被侵略之国家民族执干戈以御强暴，自以勇往直前一德一心为道德。故虽两国交战，曲直自分，岂可以狭义之国家主义而黑白不分一概论之者哉？且夫一社会之规律，非真足以为道德之标准也；一社会之组织，亦非有决然整个之真理也。观于近世国度，民主之国，专制过于寻常，如德是也；君主之国，民权高于一切，如英是也；社会主义之国，亦行私产，如俄是也。资本主义之国，经济全归统制，如德是也。吾以为群治进化，叁伍错综；文化多元，尤非一贯。有得于此而失于彼者，有长于一而短于二者。工业发达，莫早于英伦，工业最落后之国，莫如帝俄。然而帝俄之共产革命早成，而英国之皇族犹在，此亦出于马克思意想之外者也。德国之人，科学理智最为发达，而独拥戴一疯狂神秘之神经质的希忒拉以为领袖，是又岂人所意料者哉？至于科学破除神教，而天主堂福音堂林立欧洲，则信仰与理智不防并行也。民权痛恶专制，而法西斯突起于近代，则自由与独裁不防齐驱也。其他种种，难可枚举。故谓世界有一崭新突起之新社会新国度能与往常所有者异而不留余迹，而其道德行为亦崭然有异，吾以为古既无之，后亦无之，唯社会革命家之书籍中有之耳。无平不陂，无往不复，世界常在变中，然而安知所变之为向前向后，循环损益之穷竟如何哉？若夫人之道德根于心而发乎情，大仁至义者，古如是为道德，今如是为道德，后亦如是为道德；贪鄙嗜利残酷寡恩者，古不道德，今不道德，后亦不道德。无论社会如何变，国度如何改，德与不德终常如是也。若夫入境问禁，入国问俗，有所不行，知和而和，因应随宜，变而通之。孔子不云乎：礼云礼云，玉帛云乎哉；乐云乐云，钟鼓云乎哉。又曰：人而不仁如礼何，人而不仁如乐何。礼乐尚有时不能尽道德之精意，何况社会制度哉？以是为标准，且谓离彼无道德，则小人闭居为不善，无所不至，见君子而后俨然，亦非不德。圣贤诚意正心，慎独之功，亦非道德之行，《大学》只应言齐治均平，不当言格致诚正修矣。然而无源之水，无根之木，焉能望其流长叶茂哉？孟子曰：吾故曰，告子未尝知义，以其外之也。若冯先生者，义外之大家，不知义，亦不知德也。彼又言曰："程明道说，'医书言手麻痹为不仁，此言最善名状，仁者与天地万物为一体，认得为己，何所不至'。如此说仁，仁已不只是我们所谓一德，而是一种精神状态。"夫言仁德而不至于天地万物为一体，乌得为识仁？言德而不有一种精神状态以为其内容，又乌在其为德？德者得也，吾心之所固有、实有，而岂义外者、依法行事者所能知哉？孔子曰，知德者鲜。诚然。

吾人于此得一结论：

1. 道德者根于内心崇高伟大之精神所发生之行为，而非由于依照外物、模仿旧章或服从法度之行为也。

2. 道德者不以对社会人群而后发生。私居宴处，洗心退藏，正心诚意，以能净化心志，提高人性，皆即道德之行为，且为道德之根本行为也。

3. 不道德之行为，不因无人或无高于彼之社会有以管理之制裁之，便非不道德之行为。即其发心动念，苟有害人之心，自堕落其品格之意，即是不道德的行为也。

4. 社会是随时随地随人们的愿望思想需要渐次演变而成的，且常常地、永远地在变动之中，自无定性，亦更无所依照之本然的、固是的理以为其制度之标准。社会法度亦不为人们道德的标准，社会亦无确定的法度可作道德的标准。反是，人群之道德观念愈高者，可以推进改善社会之组织法度，且可以稳定进化其社会，使达于清明平治之境。总之，社会是人造的，人不是社会造的，所以社会标准在人，不是人的行为标准在社会也。

再者，冯先生对于论五常处七段论义中，经权王霸，最有精彩，但仍不脱义外的气味。以本然的办法说义，而不以羞恶知耻正直方刚说义，故义但为心智之所知，而非情志之所发。若无所谓浩然之气至大至刚配道与义以直养而无害则塞乎天地之间者，焉能发动行为以成盛德大亲哉？陆象山之讥朱子曰：易简工夫终久大，支离事业竟无成。王阳明曰：影响尚疑朱仲晦，支离羞作郑康成。在晦庵以义当事物之理看，而不知为心中一种精神力量，故穷理尽性皆不免向外求，故陆王讥其支离影响。陆子则曰：先立夫大，六经皆我注脚。阳明曰：心即理也，知行合一，致其良知。人不知良知之义，解作知识之知，不知乃即仁义礼智之精神作用也。苟能致得良知，仁义礼智我固有之，何所欠余。故能反求诸己，独往独来，而不寻章摘句，步武古人，能自信自任轩昂大丈夫也。此义也，治王学者亦少知之，今略示其大意耳。若谓良知无所不知，阳明亦无此说法。彼既不说良知无所不知，且亦不说无所不知为贵。所重在求放心，不重在广知识也。

（九）评势与历史

著者曰：势与理相对，故说“势所必至”，又说“理有固然”。徒有其理不必有其事，必待势而其事始能有。

就一种事物之实际地有所需要之势说，其势中之每一种事物之实际地有，又各需要一种势，此一种势中之每一种事物之实际地有，又各需要一种势，如是重重无尽。一种事物之实际地有所需要之重重无尽之势，可总名之曰大势，常言“大势所趋”。大势即是实际的世界于某一时所有之状况，即某一时之整个的实际。一种事物之实际地有需要一种势，而一种势之实际地有需要一种大势。大势是某一时之整个的实际，势是实际中某一时之某种状况。故势亦称时，合言之曰时势。

势于因势所成之事物之关系是必要的，而非充足的。故有某事必有某势，无某势必无某事。但有某势不必有某事，故事由势成，不由势生。

势若去时，或大势已去，则因势所成之事物即不能存，名为势穷。于此穷时，因势所成之事物如欲继续存在，则必需迎合新势更成新物，即所谓变。变而复存，即所谓通。若其不变成或变不成者，即不复能存在。演化论所谓“适者生存”，不适即不能生存。适即合于其势，故凡存在者既为合理的，又为合势的。（以上势与因势而成之事物。）

社会有多种，每种社会皆有其理。理是本有的，但徒有此理而无能实现依此理以成之社会之势，则亦无此种社会之实际地出现。

某种社会制度必须在某种势中方可实际地有，如其势尽，此制度亦归消灭。专凭一部分人之愿望以求其实现或消灭，是无济的。（理、势、愿望。）老子说：为者败之，执者失之。势未至而为，势已去而执，均是归于失败的。

又思想是势之反映，必于某种势下方能有某种思想。故某种旧社会制度其社会中人觉其仍须保存者，即其势尚未去。如其社会中人觉其必须改变而须代之以新制度者，即新制度所因而有之势已渐来。若其势毫无，人即不能有其思想。脚走到何处，眼才见到何处，眼所见纵比脚远，而不能太远。人的知识如此。

人以为先有某种思想然后有某种社会，就某社会之完成说，此话亦是，但不可说某社会之人能凭空有某种思想。必其社会已到或将到穷时，又有新势渐渐来临之时，先觉者觉其当穷当变，然后有新思想发生，以唤起群众。如所谓雄鸡一鸣天下旦者，雄鸡诚能唤醒人，其鸣亦在天晓之前，但非鸡鸣能使天晓，它不过先觉大晓而已。故非鸡鸣故天晓，乃天将晓而鸡鸣。

有人以为某时某地之思想皆所以拥护其社会制度者，虽亦有此功用，但学者如亦持此态度有意地奉迎社会，哗众取宠，曲学阿世，则其思想即不能有任何力量。

又有人以为某时某地之思想皆统治阶级所创造以麻醉其所统治者，亦不全是。统治者自乐于提倡能维护其制度之思想，但若谓其能制造思想，则亦过重视统治阶级之人力。当知除在过度变化中，人易对其所居之社会之制度起怀疑。若在常态中，则人之思想无不与其所居之社会相适应，而以其制度为合理，为天经地义，不容改变者。（以上社会制度与思想。）

社会制度能使其社会之人欲望满足，快乐愈多者，愈好；合于其时，顺于其势，愈能生存者，愈好。否则坏。故社会本身无好坏，好坏在对人对势。

人在一社会中，居之已安，则不感其苦，但如觉有某更多快乐之社会制度在前，则立觉其所居者之苦，而思有以改变之。此即旧势去新势来之朕。——但有许多感觉只是幻觉（评者注）。（以上社会制度之好坏。）

人如能顺新势之来而主张革新者，即是顺自然。

老庄主张顺自然，彼系对人为者说。吾人说自然，亦包人为在内。蚁洞穴，鸟营巢，人造文明，皆亦宇宙之一部分，皆亦道之一部分，皆亦自然。

老庄放弃人为，纯依自然，此事不可行，其理说不通。如其小国寡民之思想，是开倒车的、逆势的。

淮南、郭象亦说顺自然，说无为，已与庄老不同。淮南云："吾所谓无为者，私志不得入公道，嗜欲不得枉正术。循理而举事，因资而立功，权自然之势，而曲故不得容者，事成而身弗伐，功立而名弗有。非谓其感而不应，攻而不动者。若夫以火熯井，以淮灌山，此用己而背自然，故谓之有为。若夫水之用舟，沙之用鸠，泥之用輴，山之用蔂，夏渎而冬陂，因高为田，因下为池，此非吾所谓为之。”（《修务训》）

郭象云：“夫高下相受，不可逆之流也；小大相群，不得已之势也。旷然无情，群知之府也。承百流之会、居师人之极者，奚为哉！任时世之知，委必然之事，付之天下而已。”（《大宗师注》）此所谓无为有两种，一为首领之无为，一是委必然之事。照郭意，事有其必然的趋势，此等趋势，人助之无益，阻之无效，只须听其自然，即是无为。此虽非开倒车的、逆势的，而是机械论的。

一种势只能使一种事物可有，而不能使其必有。有一种社会的势，即可有一种社会。但一团体之能否变为此种社会，则仍须此团体中人之努力。

吾人仍可说无为，但不是说无人为之，不是说无人努力为之，但说人为此事不是矫揉造作，而是顺乎自然。又郭象说：“夫先王典礼，所以适时用也。时过而不弃，即为民妖，所以兴矫效之端也。”一社会之势已去仍欲维持之，即是矫效，即是有为。若一社会因新势而变成另一社会，此变即顺自然，即无为。

以上说无为，是新势说。顺势之行为是无为，逆势之行为是有为。

程明道说：“天地无心而成化，圣人有心而无为。”又说：“君子之学，莫若廓然而大公，物来而顺应。”所谓“寂然不动，感而遂通”。此无为是就心说。

朱子说：“廓然大公，只是除却私意，事物之来，顺他道理应之。”又说：“至于圣人，则顺理而已矣，复何为哉。”此无为，就理说。又说：“义理明则利害自明，古今天下只是此理，所以今人做事多暗与古人合者，只为理一故也。”（以上无为。）

历史是构成势之一主要部分。历史中有某种事，即为构成现在之某种势之一主要部分。历史中事虽已灭，而非无有；且不可改变，又非无力。

事物之历史亦为此事物之整个之一部分。如一事物有其历史意义者，其价值愈大，如古迹，如古董，即以历史增其价值者也。

历史是尝然，《墨经》下说：“可无也，有之而不可去，说在尝然。”《经说》云：“可无也，已然则尝然，不可无也。”既有则永会有，现虽无，而尝有非无也。

已然则不可改变。——故孔子曰：成事不说，遂事不谏，既往不咎。文信国云：千古兴亡何限错，彼错已错，如何改得？（评者注）

僧肇说：“成山假就于始篑，修途托至于初步，果以功业不朽故也。功业不可朽，故虽在昔而不化。不化故不迁，不迁则故湛然明矣。”故历史之事非无有力。

历史之力在人事方面尤重大。有谓有生命的物之历史对于其自己有大关系，无生命物之历史则否。此说当否，不问。不过人之历史对人之关系之重大，是无人能否认的。

历史是继续的，一社会制度之演变无有突变的，突变只是表面，必旧者逐渐去，新者逐渐来，久之久之，乃表现于突变。一国家民族是逐渐长时始变成一新社会，而不是如人穿衣，将一套新衣一下套上。演化是如此，革命也是如此。

历史上每一革命后所建设之新社会，常较革命家所想像所宣传者旧得多。当然有些直是社会制度，而不是某一种社会制度，此当然是不可改者。但有些亦是旧制度中特有者，因其与新制度无碍，而继续存在。故一新的社会之出现，不是取消旧的社会，而是继承一旧的社会。思想文学艺术等均如此。

看一社会之如何变化，须将社会作一整个看，此社会中有许多事是此整个社会所应负责者。《庄子 · 天运》：“人自为种而天下耳。”郭象注云：“不能大齐万物，而人人自别，斯人自为种耳。承百代之流，而会乎当今之变，其弊至于斯者，非禹也，故曰天下耳。言圣知之迹，非乱天下，而天下必有斯乱。”“承百代之流”，是就一社会所有之历史说；“会当今之变”，是就其所遇之时势说。于其历史与时势交叉之处，此社会所经之变，非一二人所应负其责任。所以说“非禹也，天下耳”，言整个的社会应负此责也。例如中国之在今日，正所谓“承百代之流而会乎当今之变”者，有许多事无论是好是坏，皆不能指为那几个人，或那几种人之功罪。我们亦只可说“其弊至于斯者，非禹也，天下耳”。（以上历史。）

吾人对著者论势与历史，多分同意，而且十分佩服，故特多征举如上。总其大意，谓徒有某种理，不能有某实际的事物，必有实际能成某事物的势而后有某事物发生。又谓势于事物是必要的条件，而非充足的条件。事物如此，社会制度等亦如此。其成也，必其势已来；其毁也，必其势已去。来则不可逆，去则不可止。故社会制度之保存或废弃，或变革，及因此而起之思想等，皆非一二人私意所能为。为者败之，执者失之。必须顺势而趋，因时而行，则穷变通久，皆合自然而无为也。但大势之来，或旧势已去，先觉之士虽不能逆势而有所为，然亦必顺势而努力其力。如此，乃能收变通之功。否则徒有其势，亦不能必成某种制度，其民族国家社会或因而致于消灭者，有也。所谓顺自然而无为者，乃顺时势之当然而努力为之而无所矫揉造作之谓也。又谓历史亦为构成时势之一主要力量。世变之来，非一朝一夕之故，其所从来者渐也。而一社会之成，每旧者渐减，新者渐增，久之始有显明的革变。而新旧参差，有并存而不相碍者。故一新的社会之出现，非是取消旧的社会，而是继承旧的社会也。最后谓一社会之变化，整个社会之人皆负其责，“承百代之流，而会当今之变，其弊至于斯者，非禹也，天下耳”。凡此种种，明通精当，至为额手。

按佛法之论缘生也，曰万法皆从缘生。缘有四缘，曰因缘，等无间缘，所缘缘，增上缘。心心所之生，必备四缘。色法之生，则必二缘，谓因缘、增上缘。譬如木稼之生，必种子、土壤、日光、空气、雨水、肥料、人工等备而后生。种子则因缘也，土壤等则增上缘也。有因而无缘，则可谓有生之因，而无生之势也；有缘而无因，则可谓有生之势，而无生之因也。人之造作事业，亦内有志愿与努力，而外有增上缘助之势，则亦由内因外缘和合而生也。孤因不生，故人类不能于事作主宰；独缘不起，则亦不可放弃努力而坐待现成也。至佛之论世界成毁、人世盛衰，则归之于共业所感。所谓共业所感云者，谓一家之兴衰，全家人有其力焉；一国之强弱，一国人皆有力焉。天下之治乱，则天下人皆与有力也。业既共造，果亦共受。故有情增上，息息相关，或损或益，合成共果也。又佛法之视世间，视为因果之纲。云因果纲者，此事为彼事因缘，彼事复为此事因缘。此为彼因，彼即此果；此为彼果，彼复此因。在同时，则束芦相撑，梁柱互持，以不倒。前后则焰炷生烧，展转而不穷。一波动而万波随，故一指能动全海；一业起而百业兴，则一念能变整个生命也。横遍十方，竖穷三世，宇宙人生者何，一因果之流耳。此流无尽，往复相生，而变化兆焉，生命存焉，世界立焉。妙义重重，说之不尽。今冯先生之说，颇有合于因缘生无主宰之义，颇有合于共业招感之义，明智最可贵也。佛法以最哲学之哲学眼光观世间，故所论不及社会制度之变通，然而其义可引申之，泛应而皆当也。

虽然，吾于冯先生之说尚有不能尽同意者。一社会之所由形成，全社会人之努力其因也，种种必至之势其缘也。因缘具备，而其制度以立，形体以成，奚必更有真际界中所依照之理哉？若谓社会之体制亦如宫室之有图案然，必先有图式而后依之造修，即所依之理也，当知图式亦人所造耳。社会之体制，何莫非人智次第演化发明以构成之者乎，向必有所依之理也。故此赘疣——理，可与割去，且前已破斥之矣。至于因缘生住，势至人为乃有社会等之理，吾不反对且极主张之。然非冯先生之所谓理也，此其一。第二，冯先生似乎过重视势。过视势而不努力造因，此机械论，而老庄之思想也。冯先生虽知其失，然语意之间，仍不免有重视势之势。吾则谓一物之生，则种子其主因也；一社会之成，则其一社会之人建设之力，创造之能，观变之智，驭变之才，其主要之原因也。若种坏，则生机失，而缘力无功。一社会民族国家之人皆愚鲁顽钝、死气沉沉、全无生气，则势至而不知迎，势去而不知变，焉能胜革故鼎新变通以成盛业之任哉？有日趋消灭而已矣。故势者，人之所乘，如水耳；人之努力，则舟也。又势则舟也，人之努力则乘舟之人也。无水无舟，固不能得航行之便；无舟无人，则谁复航行之哉？故绝不可重时势于人为也。又复当知：人之于势也，有决择之力，有判断之功，有长养之能，亦有消防之用也。盖所谓势者，不必尽善也。有恶势力焉，于人生为蟊贼，于人心为蛊惑，于风俗为败坏，于国家民族社会之发展为障碍。涓涓不塞，终成江河；绵绵不断，将寻斧柯。积重不返，大势既成，则有洪水猛兽大地陆沉之祸。故君子贵思患而预防之，使其势不成也，既成则当抗而与之力争。精诚所至，金石为开，昌正学，拒邪说，抗夷狄，诛强暴，胜则成功，败则成仁，成则为汤武汉高明太，败亦为孔子孟子文天祥史可法。岂以彼势之强，大势所趋，而委云顺自然之势而无为哉。今之抗战，亦此义也，此义不明，则刚大之气不立，道义之行不著。委心任运，奄奄无生气，而欲以自强自立，觉世牖民，团结民众以成建国家、新社会、跻大同之业，难也！难也！苟其真有刚大不屈之气而皎然仁义之行，精诚愿力以将之乎？则一家仁，一国兴仁。楚虽三户，亡秦必楚。业自我作，势自我成。勿谓今之宇宙文明，非少数先觉之所启牖。反之，亦勿谓今之世界大祸，非少数之奸雄怪杰之所造成也。故势有必须，而有善造时势之功；势有难御，而有之死靡他之志。人定胜天，业自心造。将大有为于世者，勿徒作顺应时势之计可也。能不徙作顺应时势之计者，乃能真正运用时势。盖恶势力既排除，善势力斯充实，善势力充实，而所愿必达、所为必成矣。传曰：树德务滋，除恶务尽。除恶务尽者，排除恶势；树德务滋者，广植善缘。则国家治，天下平，而社会入于清明安乐之境矣。天下焉有完全可顺之势，不犯大难，冒矢石，而安乐以见成功者哉？故君子贵砥柱中流，独行而不惑，独立而不惧。

再者，如依佛法缘生之理，每一法既从因缘生已，即能复为因缘生起余法。如禾稼从种等生起，复能为缘而生种子；种既生已，复作因缘生后禾稼，乃至一切。即依此理，故势既生起所生之事物，当知彼事物即复成一势。某社会既从能成彼势生已，即复成一势，而能统驭影响其他一切；某种思想既从某种势生起，即复成势，而或指导或蛊惑人心世事。当知社会之势，思想之势，乃最大之势，非徒从势起而已。设但从势起不能作势，则彼便为一无用无能之事物。既无用无能，即等于无物也。事从势生，事复成势，如此往复，便有一切世变。历史之成，即由于此。正如长江大河之水，点点相汲相引，相推相排，遂成洪流。此部分之水，从彼部分而流；此部分之水，亦能流余部分之水。学说、思想、风俗、习尚之成潮成流者亦尔。故从静的方面观，则一切一切皆事物也；从动的方面观，则一切一切皆势力也。从事物言，佛法名之曰万法；从势而言，佛法谓之曰因缘。法从缘生，法复作缘。缘者因也，法者果也，合言之曰因果。宇宙人生社会者，一因果之流耳。在因缘中，缘有顺逆，因有正邪，或云染净。正因净因，复遇顺缘，则得善果；如遇逆缘，则果不成，或得果甚微。邪因染因，如遇顺缘，则得果极坏。如遇逆缘，则彼果亦不成，或为坏不多。此中缘之顺于正因净因者，逆于邪因染因；顺于染因邪因者，则逆于正因净因。因如同者，得果之差，差于缘；缘如同者，得果之差，差于因。大约凡俗之徒，随缘飘转，染因染果，相续不穷。以其无自觉之力，无制驭因缘之功，故随缘飘转，可谓彼为最任运随缘者也。若夫睿智之士、大觉之人，则能以智慧决择因缘，而加以选择，而施之统制，则能使净因现行履于正道长养善缘，更能逆流而返，趋向转依，则其力伟矣。

冯先生但说事从势成，未能显说事能成势；但说社会制度人类思想各从势成，而不说社会制度人类思想亦能成势。则彼势成空势，失其一大部之内容矣。又其论社会之好坏曰："凡一种社会制度合于时势者则是好的，不合时势即是坏的。"又谓讲演化论者说"适者生存"。黑格尔说凡存在者都是合理的，若照我们所说理之意义，可说"凡存在者都是合理的，而且又都是合势的"。此语也若依我们说，则谓凡存在者都是合于其势的，而不定是合理的。即凡合于势者不一定是好的，亦可以是极坏的。我们的理是以善为准。世间不但势有善恶，同时由势所成的事物亦有善恶；不但能成社会的势有善恶，社会本身亦有善恶。此如何等，即如今之帝国主义，武力侵略，经济侵略，种种恶势力，及由彼而起之国家制度强盗团体皆是也。方今天下，恶势力与恶势力所成之社会团体遍新于世界，一切不正当之学说思想深入人心。如此种种，皆须廓而清之，更造新势，更成新制，更作新人，庶几有救。而可曰：凡合势者皆是好的，凡存在论者皆是合理的吗？故势有善恶，不可皆顺也。社会有善恶，学说有邪正，不以其存在而合势即为是的也。质之冯先生以为如何？

（十）评义理

著者在其书第七章中讲义理。此一章大文，十分不好看。但是经我细心看后，找出他的头绪来，得了下面许多意思：

1. 所谓义理者，即理所含蕴之义。一理有多义，名为义理。

2. 义理赖学说表出之，能表现义理者，名为义理之学，即哲学。

3. 凡一种学说，必成为一种系统。但此系统不是随便组织而成者，故必有其所依照之本然系统。此本然系统，即是义理本来就有的系统。此学说，著者名为实际的说的义理，其系统即名实际的理论系统。此学说所依照之理，著者名为本然的说的义理，其系统即名本然的理论系统。又一学说必包涵许多许多的命题，此命题名实际命题。每一实际命题，必依照一本然命题。一实际系统中既包涵许多的实际命题，故一本然系统中亦包涵许多本然命题。此诸命题所以“诠”理者，名之为普遍命题。表之如次：

（例如阴阳之理）（例如画前之易）　　（例如伏羲所画之易）

　　　　本然的说的义理 —— 实际的说的义理

义理　本然的理论系统 …… 实际的理论系统

　　　　本然命题　　…… 实际命题 ……　（普遍命题）

4. 于普遍命题之外有特殊命题，所以“诠”事物者。但有实际命题，而无本然命题。表之如次：

事物（本作事实）……实际命题……（特殊命题）

5. 历史但有写的历史，无有本然写的历史，亦无本然的历史。

6. 学说的是非以何为标准乎？须看实际的说的义理有无本然的说的义理与之相应，即是实际的理论系统有无本然的理论系统与之相应，又即实际的理论系统中所包涵的实际命题是否合于本然命题。如果实际合于本然，或所合者多，即是是的；如徒有实际而无本然与之相合，或所合者太少，即是非的。

7. 本然的说的义理、本然系统、本然命题莫有不是的，都是真理。因此是非是有定的，绝对的。因为本然义理、系统、命题是绝对是的，所以实际的说的义理、实际系统、实际命题，合乎他者便是是的，绝对是的，违乎他者即是非的，绝对非的。如古人说地是方的，今人说地是圆的，似乎是非无定。实则地是方的是绝对非，不与地之真相合故；地是圆的绝对是，与地的真相合故。特殊命题中实际命题与事实合者即绝对的是，不合便绝对的非。所以《墨经》说：“辩，或谓之牛，或谓之非牛，是争彼也。是不俱当，必或不当。”“辩也者，或谓之是，或谓之非，当者胜也。”

8. 学说有若干种，于中有哲学。哲学有若干家，有若干种（派），所以它的系统也有多种。如：

- 学说系统
  - 某家系统
  - 哲学系统
    - 某种哲学系统
      - 某家哲学系统

著者说：就真际形上方面说，“哲学系统”及各种哲学系统皆是本然的，皆本来即有，各自具备，毫无欠缺。其中有些系统向来尚无人讲之者，即只是纯真际的。

著者作这一章，虽然说了许多的道理，其重心所在约有三点：

第一，哲学系统或每派每家的哲学系统，都是本来就有的，不是随意编造的。所以他说：一个哲学家所讲之哲学系统不是随便讲的。他不能凭他的空想胡说八道。他所讲之哲学系统，如果不为非的系统，在形上方面必有一本然系统与之相合，或多少与之相合。宋儒程朱亦如此看，以其所讲之道并非其个人之创造，而乃是客观的本有的。哲学家不过将其所见加以述说，述说有无，与道之有无无关。所谓“画前有易”，所谓六十四卦全是天理自然挨排出来，圣人只见得分明，依本画出，不曾用一毫智力之助，不烦助，亦不容智力得助其间也。

第二，哲学系统有多家多派的，所以哲学的本然系统也是多种多派的。著者接着上文说，宋儒这见解就其主要之点说是不错的，不过宋儒的错误在于以为只有一个哲学系统是本有的，所以在实际方面亦只有一种哲学是正宗，是是的，其不同乎此者，即是异端，即是错的、非的。宋儒持此见解，所以不仅以为所谓二氏之学是非的，是异端，即程朱与陆王亦互相指为异端。其实是在形而上方面本有各种的本然哲学系统，在不同的时地中有不同的实际的哲学系统，即在同一时地中亦可有不同的实际的哲学系统。此诸系统虽不同，但它皆可多少是各种的本然哲学系统之实际的代表。凡是实际的哲学系统，能自圆其说，能持之有故、言之成理者，都是正宗的，都无所谓异端。此是站在各家哲学系统之上说的，但若站在一家的哲学系统之内，则只见此家而不见其余，则亦只自谓是正宗，谓他为异端，宋儒即是如此，所以错误。

第三，本然的义理及本然的说的义理，是不相同的，不可混的。所以他说，朱子说："今之学者自是不知为学之要，只要穷得这道理，便是天理。虽圣人不作，这大理自在天地间。天高地下，万物散殊，流而不息，合同而化，天地间只这个道理流行周遍。不应说圣人不言这道理便不在，这道理自是长在天地间，只借圣人来说一遍。且如易，只是一个阴阳之理而已，伏羲始画只画此理，文王孔子皆是发明此理。"在此段话中，朱子或记录此话者未将本然义理及本然的说的义理，即与本然义理相应之许多可能的理论分别清楚。本然义理当然是"长在天地间"，与之相应之许多可能的理论亦是"长在天地间"。所谓"不应说圣人不言这道理便不在"者，应指此许多可能的理论说。照上所述"画前有易"之说，伏羲所画是画前之易，不是"阴阳之理"。画前之易是与阴阳之理相应者，而不即是阴阳之理。照他们的说法，应该说有"阴阳之理"，有"画前之易"，有伏羲所画之易。"画前之易"是与阴阳之理相应之本然系统，伏羲所画之易是"画前之易"之实际的代表。以上略述著者本章的大意与其主张，以下评判。

于批评此章之先，应先申明者，如著者所谓之理，前初二章已经驳斥，此章所说之义理，即其所谓之理之义，即应随之而同被驳斥，所以本章可以不再批评。

不过世间到底有理无理、有义理无义理呢？在我们则仍以为是有的，所以我们仍可以我们所有之义理与著者一较是非。

第一，到底有本然的义理没有？我们说是有的，此本然的义理即是诸法的真理，此之真理，我们亦以为是本来即有、永不变易的，在佛法又名之为真如法性实相法界空性等。佛说若佛出世，若不出世，法性常住，法界安立。又说诸法空相，不生不灭，不垢不净，不增不减，所以称之为无为法。诸佛但能证他，不能生他。

第二，本然的义理外，有无本然的系统呢？对此问题，我可以说本然的义理外并没有本然的说的义理，既云说的义理就是说的，即不是本然的。不过本然的义理中亦自具系统。如缘生之理，自无明缘行，行缘识，乃至生缘老死之十二支，先后次第，亦是有本然的系统的。如四谛，苦为集果，集为苦因，灭为道果，道为灭因，知苦、断集、证灭、修道，亦自有其因果必然的次第关系。于道谛中，念住正断神足根力觉支道支等亦有其必然的先后次第因果引发，亦可说有其本然的系统。又如修大乘行者应缘如何境，修如何行，证如何果；修小乘者应缘如何境，修如何行，证如何果。此诸教理行果亦是各成系统的，所以说理有本然的系统。此本然的系统，便为学说的系统所依，但只可是理的本然系统，而不可说是本然的说的系统，或本然的说的义理。一学说系统之所依，只依理的本然系统，而并不依本然的说的系统。本然的说的义理系统一辞颇难解释，岂于本然的义理中或本然的义理外有一本然的理论先已在解释此本然之理吗？如果在理内，即是本然的理的本然系统，而不是本然的说的系统；若在外，则是人未组织施设学说之前已先有了学说在说了。本然的说的义理即不有，所以画前之易与阴阳之理实是一事。云易者，所以说明阴阳之理，此理本具，待易而显，故说其为画前之易耳。朱子的话并不错，错在冯先生。又本然命题一辞亦费解释，如谓我们说人是有理智的之一实际命题，必要人真是有理智的之一本然命题，而后可以说人是有理智的之实际命题。此例不尔，因为理智是人固有的性，人有此性不是什么本然命题而是一回事，亦犹之孔子是鲁国人也是一回事。此事用语言表出之，则曰人是有理智的，孔子是鲁国人，其所说者皆是说人与理智的关系，孔子与鲁国的关系，并不是以一个命题来表示另一个命题。如果先已有了人有理智之命题，又何必再用人有理智来表他，真是床上安床。如谓本然命题是未说出的，故须实际命题说出之，当知此还是一句话，不过一说出一未说出而已。况且既许孔子是鲁人之特殊命题，既不须有本然命题以为所依照，何必普遍命题便须有本然命题为所依照耶？故特殊命题之是真是假，征之有无其事而已足；普遍命题之是真是假，征之有无其理已足。不必本然之理之外更有一本然的说的理或本然命题以为所依照，亦即不要有本然的理论系统。

第三，理的系统到底是多是一？答此问题，当分别答，如果在多个问题下，或多类事实下，或不同的问题不同的事实下而问其理，则当答此理或理的系统是多的，是不同的。以问题不同故，事实不同故。如科学中，物理是物理的系统，化学是化学的系统，社会哲学是社会哲学系统，人生哲学是人生哲学系统，宇宙论、认识论等亦尔。但如在同一问题同一事实下，则所谓真理

所谓真理的系统者，是只有一个，不能有二个三个的。如果有二个三个，则决定只有一个是真的，其余都是假的。正如地球之形有云圆者，有云方者，其中只有一是，不能俱是。因为如此，所以在同一问题下，在形上界绝对只有一个真理，在学说上亦绝对只有一个真的理论系统。既然只有一个真的，便只有一个是正宗，余皆异端。此如西洋哲学，说宇宙本体者，有主张一元的，有主张二元的，有主张多元的，又有唯心论、唯物论等；讲宇宙起源者，有主张神造的，有主张进化的；讲认识论者，有主张经验的，有主张理性的。如是等，两两互诤，亘古不休，各成系统，皆持之有故，言之成理。于是著者便觉得宇宙间形上界一定有若干不同的本然的理论系统，所以他们才会各能持之有故、言之成理，纵然他们不能全合，也必多少合到几分。依我看来，一问题下真理不能有两个，所以其理的本然系统亦绝对不能有两个三个。而他们会说得出许多许多的系统者，不是多半错，便是全体错。其持之有故、言之成理者，杜撰的，意造的，胡说八道的，或者见其少分执为全分的。佛法有摸象之喻，云有众盲，不曾见象，有摸象耳，便执象如箕；有摸象尾，便执象如帚；有摸象背，便执象如石山。如是等无明生盲，不见法性，执我执法，执有神等。一切遍计所执，亦复如是。是故诸哲学家各种哲学系统互相矛盾诤论者，皆不达真理者也。或谓若无本然各别所依照之本然系统，则诸哲学家既无依照，何能持之有故、言之成理，成其系统耶？答：作小说者不必有其人，不必有其事，或于其人其事故作颠倒，但有艺术天才，亦可以使人喜，使人乐，使人怒发冲冠，使人泣下数行。岂必实有其事？如是善说话者，强词夺理，亦复动人视听。主义宏吹，令人发狂，之死不悔。奚必实有其理，始可以成哲学也？倘所说而皆必有依，皆必合于所依，则一切命题应无非者。既知辩无俱是，有当不当，即知一切学说邪说谬说，皆不必有所依之本然埋论系统，且亦本无本然的理论系统也。据此以观，程朱之主张有正宗有异端者，虽其所正未必正，所异未必异，而既在一问题上说有正宗有异端，是不错的。冯先生虽说站在哲学外看哲学，从宇宙看哲学，但是他既未能看尽宇宙本然的真理，并未看尽本然的哲学系统，而但以各系各派皆持之有故、言之成理，震吓其论辩多言，而一切许以正宗焉，过矣！平心而论之，人伦道德，孔孟允为正宗；法性缘生，佛法真得究竟；工业技巧，科学各致其精详。其余宗教哲学，多分在暗中摸索，非全无见，以为正宗则不然耳！

（十一）评艺术

我对于论艺术章不欲多评，但评其一义，即艺术之本然样子到底有没有。我对这点，认为是亦有的，亦非有的。何以故？艺术家必始于观物，不但观之，而且体会之。自然者，艺术之仿本也。为绘画者，必有征于山川云雨天地星辰之形理，所谓天然图画是也。为音乐者，必有会于人情喜怒哀乐愁怨忧思欣欢鼓舞之神情，此亦天然之乐也。为文章诗骚者，必有会于天地之变，社会之情，家国存亡废兴之理，人事悲欢离合之态，此亦天然之诗也。既观其表，复深入其里，然后隐微曲折，皆得其要。又会其根本，去其枝叶，取其神理，遗其糟粕，画之而肖，歌之而哀，文之诗之而感动人物，斯可以为艺术家也。虽然，此但能摹仿自然、体贴人情世变而已，非艺术之上乘也。艺之上乘者，以外境为资料，以内心为主宰，有深厚之学力，有宏伟之怀抱，有丰富之情感，有恬静之修养，所积者深，故所发者宏。《记》云，情深而文明，气盛而化神，和顺集中，而英华发外，故乐不可以为伪。则创造非模仿也，大约创造之力愈大者，其艺术愈高。全无创造力者，则画工刻匠书手歌妓优伶而已。故流水高山，唯伯牙钟子期能弹之能解之也；《离骚》大问，唯屈灵均作之耳。陶渊明节高百代，情忘利欲，故其为诗也，淡而永，和而深，平静而有浩然刚大之气，雅得优美之致者也。杜子美怀稷契之宏愿，当国家之乱离，忠爱不展，仁智无施，故其为诗沉郁顿挫，悲壮淋漓，哀感百端，敦厚不怒，雅得壮美之气者也。拔山盖世，唯楚霸王歌之；大风云飞，唯汉高祖歌之。孟德豪健，子建风流，亦各从其人而已矣。故艺术之高者，前无古人，不袭既在，后无来者，亦无人能学之也。真正之艺术，安有所谓本然的样子哉？

或谓艺术之高者，必由人力而入于自然。云自然者，非有心，非故意之所为，乃适如其本然者而舒发之耳。此语不然，昔有老翁嗜酒，醉后渡河，其妻阻之，悍然不听，披发猖狂，直奔河滨，妻往追之，已溺河矣。其妻号泣曰：公无渡河，公竟渡河，渡河而死，将奈公何！即成为诗，传之千载。此诗辞极自然，情极哀切，虽千载之下人同此情者，皆可歌此诗。一人言之，不啻为千载之人共言之也。夫此老妻素不学问，岂曾如村学先生之皓首穷经三更作赋者哉？而咏此诗焉，不待雕琢修改，脱口而出，非所谓无心为诗而自然成之者哉，宜其非创造而依本然样子说出而已。吁，何为其然！此老妇者，阻夫不可，救夫不得，百年伉俪，甘苦共尝，悲痛中来，情之至也，故诗亦至焉。此其所以为自然者也。所谓自然者，不勉强之谓，不模仿之谓，如果之熟，自然落地，岂果如冯先生所谓读无字天书得本来样子者哉？当知无字天书本无书，本来样子无样子，艺术者创造，非摹仿也。李后主之词，悲感欲绝，亦以其身世情怀之所为耳。诗如是，书画等亦然。作者之人品性格身世种种不同，则其为雄健，为淡远，为和厚，为俊逸，亦各不同。艺术之成就果在人不在境，在心情不在样子也。冯先生不但主张有本然样子，而且一题材之下还有许多的本然样子。雄浑冲淡各有样子，雄浑之中李杜又各有样子。冲淡之中陶王又各有样子。本然的样子如是具多，宇宙之秘真不可穷哉！吾人依此可以说大艺术家有大样子，小艺术家有小样子，非艺术家有非样子，小孩子写字学画不成样子当然也有本然的不成样子之样子。盖白有白样子，黑有黑样子，方有方样子，圆有圆样子，每一实际命题有一本然命题以为样子，每一事的办法有一本然办法以为样子。冯先生的理无边，样子也无边。虽然，此无预于道德、艺术也。

吾于此附说一义，道德、哲学、艺术三事，性质不同。希腊以真善美评判一切价值，道德之价值为善，哲学之价值为真，艺术之价值为美。此三者，在西洋为三方面的发展。善者不必真，如人对人之谦让克己善也，而不必真也。论事论理直陈其意，不稍委曲，真也，而未必善也。至于小说诗歌诲盗诲淫最为不善，而读者受其煽惑，好之不倦，不忍释手，则亦不失其为美也。神怪诡奇，最不真实，而亦不害其美也。故西洋之讲哲学者不必讲道德，讲艺术者尤浪漫无行者也。其取人才也，优伶与哲人同价，无所轩轾于其间也。独中国人不然，道德哲学艺术者，合之为一焉。子谓韶尽美矣，又尽善也；谓武尽美矣，未尽善也。言美善同至，斯为最耳。儒者礼乐为陶冶道德之具，而皆艺术也。又曰：德成而上，艺成而下，言两者同成也。而善与美皆必以真为始基。故曰：乐不可以为伪。又曰：欲正其心者先诚其意，意诚而后心正。又曰：不诚无物。此诚虽为研求真理之真，然诚则不欺其心，心得养而愈明，心愈明而于理愈察，所谓清明在躬气知如神。又曰：至诚如神。故善美以诚始终之也。其在孟子曰：可欲之谓善，实有诸己之谓信，充实之谓美，充实而有光辉之谓大，大而化之之谓圣，圣而不可知之谓神。始于善，继以信，继以美，而更以大、以圣、以神终之。故中国之圣人，亦道德家，亦哲学家，亦艺术家也。实有诸己之谓信，则不徒取义理于外境也；充实之谓美，则美自内积，不模仿于外物也。步步自内积集，诚之不已而大而圣而神焉。《孟子》曰：“其为气也，至大至刚，以直养而无害，则塞乎天地之间。其为气也，配义与道；无是，馁也。是集义所生者，非义袭而取之也。”中国圣贤之学，立诚以集义，故重内心以应外境。西洋哲学探索义理，故重外境而役内心。重内者，故道德哲学艺术一贯而调和。重外者，分道扬镳，其去弥远，三者往而不可复合也。故中国无不道德之哲学家，亦无不道德之真正文学家艺术家也。冯先生讲理学，不免成为义外之学，盖受西洋哲学之影响太深故也。此因论生论，以作东西洋学说之比较也。

（十二）评鬼神

吾于此章盖不欲作多评，因冯先生所谓鬼者非常人所谓鬼，乃冯先生的鬼；其所谓神者非常人所谓神，亦冯先生之神也。我亦有鬼神，而与冯先生绝不相同。在因明法，有法差别两不极成，则不得立论。又冯先生之说鬼说神，实无鬼无神也，而我则有鬼有神论者也。是有法自性，彼此亦互不极成，何为立论哉？

虽然，于此有欲一言者，鬼神尚未可轻毁，所以者何？一切有情为因果之相生。因果相续，生命成流。此生命之流，其势非突起突灭者也。其来也，乃自前世转来今世；其去也，复自今世流入他世。因果相续，三世不停，此势不尽，此流不尽，此生命不尽，安得谓人一死无余永不复生哉？然欲了知三世因果之理，则非通达唯识缘生、业感缘起之理，未易可以强人相信者也。然彼理虽未能强人以信，彼理亦不易为人破灭，则留之以待探索焉可也。吾人既承认因果三世生命成流之义，故鬼神实有也。《易》曰：精气为物，游魂为变，是故知鬼神之情状。然佛之言鬼神者，尚不止于精气游魂而已，精气游魂不过人生之残余耳。佛法则谓人之既死，其整个生命完存，无稍欠缺，则鬼神成趣，生命可以独立也。虽然，鬼神之在五趣，地位不高，次于人趣，故鬼神者非佛法之所求，而所厌耳。于世间则求四禅无色，于出世则求三乘圣果，岂留滞于鬼趣哉？无量要义，不可尽说，略说其有而已。

（十三）评新理学之所谓圣人

此书第十章论圣人，是本书最精要之一章。其所谓圣人者，一者大智，二者大仁，仁且智，此所以为圣人也。著者之所谓大智者，以其知识超脱乎经验，而能知真际，知宇宙之大全，即知天也。其工夫即为哲学的活动，即是格物致知以知天。所谓大仁者，谓超乎自己，乃至超乎人，浑然与万物同体，自己与大全中间并无隔阂，亦无界限，自己即大全，大全即自己，即事天也。其工夫即为道德的行为，由穷理尽性以事天。其言曰：圣学始于格物致知，终于穷理尽性。格物致知是知天，穷理尽性是事天。换句话说：圣学始于哲学的活动，终于道德的行为。此一段话，是极其精要的。

我们对著者此意大体是赞同的。《论语》孔子曰："若圣与仁，则吾岂敢？抑为之不厌，诲人不倦，则可谓云尔已矣。"子贡曰："学不厌，智也；教不倦，仁也。仁且智，夫子既圣矣。"故著者对圣人所下的标准是不错的。

不过其所谓智与仁及其工夫次第，则吾人尚不能无疑。

著者之所谓大智，在致知格物以知天也，即哲学的活动。其活动奈何？曰：始于对于实际的事物之分析，由分析实际的事物而知实际，由知实际而知真际。对于实际的事物之分析是"格物"；由分析实际的事物而知实际而知真际，是"致知"。又曰：格物亦是穷理。我们对于事物作分析后，我们见其有许多性，由其有许多性，可见有许多理，所以格物即是穷理。因是物以求是理，如因方的物可知有方之理。我们分析方的物是格物，因格物而知有方之理，就知说是致知，就理说是穷理。

著者又分别他与朱子穷理之说不同处云：第一，朱子所谓穷理系就对于理之内容之知识说，我们此所谓穷理，则只就对于理之有之知识说。理之内容，不是哲学的活动所能知，至少亦不能尽知。分析方底的可知有方之理，但方之理之内容如何，定义为何，则必须研究几何学才能知之。朱子以为，我们的心“具众理而应万事”，一切理皆在我们心中，故一切理之内容皆可知之。照我们的看法，事物之理完全不在我们心中，我们依逻辑可知每一类之事物必有其理，但其内容须另有学问以研究之，并不是专靠思所能知者。第二，照朱子的系统，一切事物之理既皆在我们的心中，所以虽只知一部事物之理，而于其余之理亦可“豁然贯通”。贯通后则可知一切事物之表里精粗，我们此时无所不知，无所不能，此即心之“全体大用”。但照我们的系统，我们的心只能知众理，而并非有众理。所谓心之全体大用，亦是没有的。

但我们的心虽不具众理，虽不能知理之内容，但于其完全了解一切事物皆有其理，而一切事物之理又皆系其最完全的典型时，亦可谓为豁然贯通。于此时我们的注意完全集中于形上，我们的身体虽是形下的，而我们的心之所见则是形上的，我们由此所见所得之超脱亦是极大的。至此，我们可以说是已“知天”。

从这一段话看来，著者所谓的大智在能“知天”。所谓“知天”者，完全了解一切事物皆有其理，而一切事物之理又皆系其最完全的典型而已。我以为这样的“知天”未免太为容易。物必有理，人皆可知，然而人不皆为智者。况其所谓理者又全无内容，不过知其必有理而已。这种的知识，在著者以为最高，如此的哲学乃最哲学的哲学，其实是最低最幼稚的了。譬如天文地理数理物理，既已成为一科之学，我们任何人都知道其中有理，小孩子亦皆知其有理，且不敢谓其无理。但其内容则非深入其中多用学问工夫不成。今天著者之所谓穷理者，知事物必有理而已。至其内容，则全不知，或甚少知。而曰：我为智者、大智者、超经验者、知天者、最哲学之哲学者。然则三尺之童、门外之汉，岂不皆知过于天文家地理家数学家物理学家吗？真是笑话！所以著者所穷之理未免太为无理。何以故？以其太无内容故。又所谓理者，事物所以然之故与当然之则也。然而著者则但以最完全之典型当之，而此最完全之典型者，又不是可想像可捉摸的，只不过是一逻辑的最圆最方无少缺限之圆满的方圆等概念而已。他又称之为类，称之为名。类有别类，有总类；名有类名，有达名。所谓太极之理者，不过大共类中之大共名耳。如此之理，吾人既已破之，故著者之所谓穷理未免太不合理。何以故？其所谓理，太不成理故。

穷此无理之理，不合理之理，如何能入形上？如何能超经验？如何能入圣域乎？无亦姑妄言之而已矣。

著者之所谓大仁，在穷理尽性以事天也，即道德的行为也。其行为奈何？著者曰：……此所谓穷理，是以我之行充分实现我所依照之理。以我之知知事之理，则我可以超乎经验而不为经验所囿，此是对于经验之超脱；以我之行充分实现我所依照之理，则我可超乎自己而不为自己所缚，此是对于自己之超脱。又曰：自天之观点看，人亦一类物。在“无极而太极”之大道中，人所应作之事,亦即充分依照人之理。邵康节说:“圣人,人之至者也。”所谓“人之至者”，即是最完全的人，即能尽人之性之人，亦即能穷人之理之人。孟子说：“圣人，人伦之至也。”所谓人伦，即指人与人之社会的关系。行人伦，即指人之社会的活动。人之性是社会的，人之社会的生活是自人之性发出者，所以人之尽性穷理，必在社会的生活中行之。在社会的生活中人之行为之最社会的，是道德的行为。道德的行为有两方面，一是对社会的，一是对天的。对社会则尽其社会的一分子的责任，对天则尽其宇宙的一分子的责任，即是尽人道。若从此点看，则人之行道德的事，即是“事天”。张横渠《西铭》即是从事天的观点以看人之道德的行为。

从此一段看，以及其下所说，都是精彩的。不过所云以我之行充分实现我所依照之理者，其理即上面哲学活动所穷之理也。彼属于知，此属于行。既知彼理，起而行之以践其实。朱子曰：“尽心知性而知天，所以造其理也；存心养性以事天，所以履其事也。不造其理固不能履其事，然徒造其理而不履其事则亦无以有诸已。”是即道德之行为以哲学所知之理为标准极限而奉行之耳。于此有数难题：第一，即彼所云理者既不成立，岂不行为无据乎？第二，纵谓所云理非无内容，社会的活动、社会的生活，即其内容也。又谓对天而尽人道，所谓“替天行道”，所谓“事天”，即其内容也。然而吾人当知：社会的活动、社会的生活，不定是道德的行动，必依照道德而作社会活动，而作社会生活，乃为道德的也。所云事天，尤为渺茫。苍苍之天，无须事；大共名之天，无可事。无亦曰泛爱万物，或曰仁民而爱物，使万物各得其所，所谓天地位万物育，所谓并育而不相害者，庶几可云事天耳？若然，则此道德的行为必有所本，如何方能达于此耶？在著者仍不过曰：依照道德的本然办法读无字天书而已矣。则此所谓道德的本然办法者，又入于真际界，又徒成一套空理，而且非有天眼者不能读之，非才人不能得之，非最哲学之哲学大家不能知之。故曰：圣学始于格物致知，终于穷理尽性。然则道德的行为岂非于一般人无分者耶？其实无字天书既根本没有，本然办法亦根本没有，其所谓理者无有故。是故著者之道德行为亦仍徒托空言而已。

又所谓始于哲学的活动终于道德的行为者，意谓先求得其理而后依照行之耳。故曰：不造其理固不能履其事，然徒造其理而不践其事亦无以有诸已。此知行二者，判然两截，果有如是之圣学哉？盖在西洋之学者，道德与哲学截然两途。牧师神甫，为道德之造修；科学哲学，为知识之追求。故有知者不必有德，有德者不必有知，圣贤之道宁如是哉？

又如著者之论，智者知其理而已矣，理非我之所有，知之而已矣；仁者行其理而已矣，理非我所固有，行之而已矣。人心无全体，无大用。人不过一架机器，圣人不过一架最良的机器。一切一切皆奉天承天而行之，何有于万物皆备于我，何有于反身而诚，何有于至诚无息成己成物，尽其性以尽人之性以尽物之性以位天地而育万物哉？孟子曰：仁义礼智，我固有之也，非由外铄我也。又曰：由仁义行，非行仁义也。如著者所言之圣人，皆不过行仁义，而由外铄者耳。至以道德行为只限于社会活动，则应无正心诚意之功，前已论之，此不复赘。

由是可知：著者对于圣人之学未能通达。今且略述所闻于古人者，一与著者商榷之。

所谓圣人之学，即《大学》所言者是也。《大学》之言曰："大学之道，在明明德，在亲民，在止于至善。"此所谓明德者，人人所固有之善性，在《中庸》则曰智仁勇三者天下之达德也，在孟子则曰良知良能，所谓仁义礼智之根于心者是也。其发动则为恻隐、羞恶、是非、辞让之四端，其行为则为孝弟、忠信、礼义、廉耻之正行。所以名为明德者，光明正大而无垢污，可以应万事而天下之务者也。言明明德者，虽明德为人所本具，然其机甚微，其力未强，若不加以明之之功，则无以尽其性而至其极。孟子曰："凡有四端于我者，知皆扩而充之矣，若火之始然，泉之始达。苟能充之，足以保四海；苟不充之，不足以事父母。"此之扩充之功，即是明之之功。在《中庸》所谓诚之之功，择善固执，博学、审问、慎思、明辩、笃行，人一己百，人十己千，虽愚必明，虽柔必强是也。在《大学》即是下面所谓修身正心诚意致知格物也。亲民者，民谓与吾同一家国社会，乃至并生于天地之人。亲之者，致吾仁爱，视如一体，而有以饶益之也，其工夫则即下面所谓齐家治国平天下也。齐家者，亲吾一家之民；治国者，亲吾一国之民；平天下者，亲吾并生于天下之民。亲之而云齐治平者，此亲之之道也。所云亲者，非徒爱之而已矣，己欲立而立人，己欲达而达人，自既明其明德，亦要人皆明其明德。己德明而身修，一家之人皆明其明德而家齐，一国之人皆明其明德而国治，天下之人皆明其明德而天下平。要之，一人之德明，必不足以得家国天下之平治，必充吾明德之量随其力之大小有以格化领导夫人群，使家国天下之人共兴于明德，而后家可齐国可治而天下可平，此之谓明明德于天下也。明明德于天下有其本，所谓先治其国乃至必先修其身是也。明明德有其方，所谓欲修其身者先正其心乃至致知在格物是也。明德亲民而不失其序，不违其理，则物格而知至，知至而意诚，乃至国治而天下平，此则所谓至善也。止于至善者，即不失其序，不违其理者是也。

此中明明德于天下之序虽为人所易知，而明明德之工夫则所谓正心诚意致知格物者，汉宋明清诸儒之说，各以其所知以立言，迄无定论。而且程朱与阳明大为违反，今若陈述古义，非唯过占篇幅，且非正论，故仅以予之所见者略释之。修身者，在求吾人之行为皆合乎正道，言有物而行有则，而无不正当之行，无偏颇之好恶，对人应事皆大公而无私妄也。然身以心为主，欲行为之不妄，则必先求心之正，心正而身自修。心如何有不正耶？倚住于外物故也。故曰心有所忿懥则不得其正，有所恐惧则不得其正，有所好乐则不得其正，有所忧患则不得其正。心与物接，不外攻取两途。忿懥者，物与心违而攻之也；好乐者，物与心顺而取之也。违境势大，则自视藐然，而恐惧之情生；顺境难得，则患得患失，而忧患之情起。则以心逐物，贪嗔愚痴，烦恼终日，缠盖炽然，德恶能明而身恶能修哉！正也者，不倚住于物欲，平等正直，舍念清净，而于境解脱，无人而不自得也。然心如何能正，则在诚其意也。心之所之之谓志，意者志也，即上欲明明德于天下乃至欲正其心之欲也。孟子曰：持其志，无暴其气。又曰：士尚志，何谓尚志？曰仁义而已矣。将欲正其心，必将心之善念善欲所谓明明德于天下之大志正愿之意，诚之使勿失，行之使益固。诚之云云，固守而不失，力行而不懈也。如此持得好意志，心之趋向定，而有为之主，物岂能夺，境岂能惑，而颠倒猖狂哉？心自正矣，然诚意则必先致知。知也者，吾心之明觉，亦心之良能也。既诚其意矣，则必将其心之所知所能者力行而实措之于事。致也者，举而施之，如事君能致其身之致，在能身体而力行之也。此阳明致良知之说也。致知在格物者，物谓事物，知之所加，心之对象。家国天下皆物也，修齐治平皆事也。格也者，事事得其正，物物当其所。弟子则入则孝，出则弟，谨而信，泛爱众而亲仁，行有余力则以学文。圣人则老者安之，朋友信之，少者怀之。小之而洒扫应对进退之节，大之而穷神知化位天地育万物之功，皆格物致知之事也。此力行实践之工夫，诚意之实也。故曰：物格而后知至，知至而后意诚，意诚而后心正，心正而后身修，身修而后家齐，家齐而后国治，国治而后天下平，天下平而后明德明于天下，人得其所，而我之意遂。

如此之工夫以不同于凡流者，本末具备，一也；始终一贯，二也；人我一体，三也；知行并进，四也。常人皆可学，而圣人不能尽，五也。一切俱从内发，非模仿，非依靠，扩而充之，浩浩广大，刚健笃实，而塞乎天地，此圣人所以先天而天弗违，后天而奉天时。天且弗违，而岂以空理样本为所依照哉？故能位天地而育万物也。所谓本末具备者，三纲九目，先后有序也。所谓始终一贯者，始于欲明明德于天下，终于明德明于天下，天下皆明其明德也。所谓人我一体者，明吾明德以亲民，亲民还即明吾之明德，天下一家，中国一人，浑然与天地万物为一体也。知行并进者，有是知即起如是行，行是行还以成其知，所谓明明德，所谓致良知，皆即知即行、即行即知，行到何处，知到何处，知到何处便行到何处，此之谓诚意也。非今日知之，明日行之，非知到家了然后起而行之，作了哲学家再作道德家也。圣人之学，先必对于修德之途有所知，既知即便行去，行之久则知之愈熟，知之愈熟则行之愈善。孔子曰：吾十有五而志于学，三十而立，四十而不惑，五十而知天命，六十而耳顺，七十而从心所欲不逾矩。所谓志学，所谓立、不惑、知天命、耳顺、从心所欲不逾矩者，皆是知行并进的。《易》曰：精义入神以致用也，利用安身以崇德也。知行如何分得开来。阳明有一比喻，凡人学书学射，必须执笔临池，必须发矢中的，然后名为学书学射。为人亦尔，说其人知孝，必然已孝了；说其人知弟，必然已弟了。反之躬行不足，口说有余，言尧舜之言，行盗跖之行，岂得谓其知德哉？所谓常人皆可学，圣人不能尽者，《中庸》曰："君子之道费而隐。夫妇之愚，可以与知焉，及其至也，虽圣人亦有所不知焉；夫妇之不肖，可以能行焉，及其至也，虽圣人亦有所不能焉。”盖忠恕之道，推己及人，始于孝弟忠信，终于齐治均平。故凡人皆可由，而圣人不能尽也。孟子所谓人皆可以为尧舜，荀子所谓途之人皆可以为禹者，当谓此。若夫先限之以哲学之活动，继乃教之以道德之行为，由尽心知性而知天，乃存心养性以事天。圣人之道，如登天然，此阳明所以斥朱子为支离者也。故此路纵或极少数人能之，已非圣贤欲明明德于天下使人皆得兴起于士君子之行之道。况夫彼一二英才之士，徒役志于玄理空谈，亦终难入于躬行心得这道哉！所谓一切俱从内发者，明德者，我心固有之善性；明明德者，扩充固有之善性；欲明明德于天下者，吾心所发之悲愿。由此性愿，而后由诚意之功、格致之行，以正其心而心正，以修其身而身修，以齐家治国平天下而天下平，皆就此本有之明德次第扩充而极至于广大高明悠久。《中庸》曰：“至诚无息，不息则久，久则征，征则悠远，悠远则博厚，博厚则高明。博厚，所以载物也；高明，所以覆物也；悠久，所以成物也。博厚配地，高明配天，悠久无疆。”诚者，自成也；而道，自道也。诚者，物之终始，不诚无物，是故君子诚之为贵。诚者非自成己而已也，所以成物也。成己仁也，成物知也，性之德也，合外内之道也，故时措之宜也。今夫以一粒嘉种，不焦不败，投之于地，雨露润之，日光暵之，肥料养之，则此嘉种者自芽而根而茎而枝而叶而花而果，终之结实累累，可为后种，可供生养。何以故？以其有生机有根本故。若夫耕耘而不下种，或下焦败之种，而欲根株之发、果实之生，宁有望哉？今著者所谓之人心，非有仁义之性也，不过但能知义理而已。非有情志之发，愤悱不获自己之心也，但能依照玄理以动焉耳。体之不有，用之全无，真正如一架机器。袭义于外，而欲为圣学，作圣人，为天地立心，以万物为体，徒有空言，都无实义。故冯先生之学非作圣之学，其所谓之圣人亦非圣人也。

总之，人心是不徒有知识的，而且是有感情的，而且是有意志的。不但能接受外境，而且能发动行为；不但能顺应潮流，而且能创建宇宙；不但能了解事理，而且能开展心能。有贪痴等心，同时亦具有仁智之性。由贪痴之发，则逐物而自私，此在宋儒则名之为物欲。荀子有见于此，故说人之性恶，其善者伪也。必遵先王之道，束之以礼，陶之以乐，如木从绳墨而后归于正，其道德为外铄的。由仁智之发，则正己而爱人。正己者，崇高其德性；爱人者，广大其同情。在宋儒亦名之曰道心也。孟子有见于此，故说人之性善，其有不善者，不能尽其才者也。故仁义礼智我固有之，以直养无害，则塞乎天地之间。学问之道无他，求其放心而已矣。其道德为内发的。若论人性之大全而为作圣之全功，则必以明德善性为主，从此发而为情，则为亲民，从此发而为志，则为古之欲明明德于天下。然明德而尚须明之之功，则此明德之力量尚未至于强大，更非至于圆满。物欲之动，有时而蔽之者也。身而必修，则行为有时而过，失礼违道者有也；心而必正，则情欲有时而妄，逐物迷境者有也。故必以诚意之功、格致之力，意志既坚，知行并进，内之涤除中心之垢秽，外之修治行为之乖违，则心正身修而明德自明，且可明明德于天下矣。程朱之学类荀子，不过更入于玄微，以为此心不可倚任，必蠲除私意，屏去物欲，乃能合于天理之大公。由是而觉，物物自有定则，天地自有至理，人能不私意造作，而穷理尽性，所行乃合于道。陆王之学本于孟子，先立乎大，致其良知，则外物不能夺，而天理自具于吾心，所行而皆正。孟子曰：东海有圣人出，此心同，此理同；西海有圣人出，此心同，此理同。阳明曰：心即理也。所谓心即理者，盖由孝亲之心，自发为孝之理；由仁民之心，自发为仁之理。理也者，行为之恰当其宜，恰合其度，于情不违，于事不逆。子而孝，父而慈，君而仁，臣而忠，即其行为皆合于理。何以能合理？则以由仁义之心之所发，故合理也。设不由仁义之心所发，别有做作巧伪于其间，则纵合时宜，而无诚意，不名为合理，且可称之曰背天逆理。因是良心，即名天理。天理云者，本然之性，从天而发，无有私意，不待做作，直道而行之，自合乎圣贤之道，而人莫能易，故曰天理。陆王之谓天理，是良心之流行昭著处。圣人纯乎天理以行，即人而天矣。程朱虽始之以穷理于物，终亦必存心养性具理于己。理者，我心之全体大用，不是知识所了解之式样格式如图案然。若尔，彼何能发动行为哉？吾人讲理学，切忌将理作一式样格子图案看，结果人同机械，心同镜子，宇宙万物皆机器，而又无制造机器发动机器之人，则宇宙人生皆成空洞的、死的、枯槁的。彼无极太极者，将如何以“而”出万物？学圣人者，如之何下手作人哉？故冯先生之新理学，既不足以继《周易》，亦未足以续程朱。实乃以西洋唯物论思想为骨干，而穿一套中国古装者。吾谓以中国学问而穿西装，则得整理之益，收表彰之功，结果可以导引西人以从东方圣贤之道。以西学而着中服，则皮存而神亡，尸行而心死，用夷变夏，而圣学沦亡矣。冯先生智者，当有以改弦更张，庶不负觉世牖民之苦心。不胜盼祷之至！

跋

上评冯友兰先生《新理学》竟。或谓中国学说之不为人所重视久矣，一闻理学之名，人更嗤之以为迂腐。今冯先生乃能以西洋哲学方法调而理之表而彰之，又从而引申修正之，是大有功于圣学者！子何为过事批驳不留余地？宁不阻国学之昌明，启门户异同之争论哉？曰是何言也！冯先生达人也，故能以哲学方法发扬圣学，苦心孤诣宁不可佩！不过于学理精深处尚有一间之隔，遂致矛盾百出违理甚多。君子污不至阿其所好，唯善人能受尽言。今据正理评而正之，不但欲显穷极之理于世间，且欲与冯先生砥砺切磋，百尺竿头更进一步，是非学说界之一大幸哉！吾故不敢存一念私意于其间，一以义理是非为标准，而岂有门户之争哉！倘或冯先生之学尚有深意未为吾所见及或吾之说自有违背义理处，则冯先生自不难与批评者以批评。吾亦当以爱冯先生者自爱，虚心受其棒喝也。窃叹世运之衰，不竞以理而竞以气，不以道义启牖天下而以武力摧伏人世。此天下之所以暴乱相续而未有已者也。今欲与冯先生共商道义而以理相是非，庶几真理愈辩而愈明，立人之道作圣之功灿然大明于天下，立德之本也，平治之根也，应为贤者之所乐意同情者也。

再者冯先生于《新理学》外更有《新世训》及《新事论》二书，与《新理学》共称为贞元三书者也。《新理学》已如右评，余二书复如何欤？曰：彼二书者予皆略览一过，对《新世训》甚表同情。然窃谓该书和杂儒家道家以立论，而未能探得二家根本异同之所在。古来学者一门深造则多为专家，和杂诸家而无独得则为杂家。若然，则《新世训》杂家之言也。至于《新事论》意在调和新旧思潮，以地以时，使各知其有其适然之环境背景，而不需妄相是非，平矜释躁亦可谓大公之论也。虽然，如冯先生对东西文明之评判，则在在处处以西洋近代文化为前进的，以中国旧文化为落伍的，以一是封建时代之文化，而一则为工业革命后之文化也。若然，则中国文化显然无保留之价值，必然随时代之过去而过去。此时正在过渡时代青黄不接，在未能全然西化之时则不妨仍半用其礼俗而已。吾谓如从物质方面从量的观察，则西洋自工业进步后之所造作兴起者诚非吾东方文化之所能企及。又风俗礼教因时制宜，则必有随物质条件之不同而有所改正。然而吾人若就东西文化根本之异同以观，则西洋自为对物的文明，而中国自为对人的文明。对物的文明重势利，对人的文明重道德。重势利者智取力争而使人类互相侵略，纵情享乐而使人格降低；重道德者居仁由义而使人类互相生养，节情缮性而使人心升华。此为两者质素之不同也。斯意也，冯先生于其末章赞中华中已具显中国人之重道德。而前此诸章在在以唯物史观之思想格量中西文化之异，此则甚不可解，盖其沉醉于唯物论思想者深也。窃意若以物质以量为标准以衡东西文化，则彼为先进我为落伍；若以精神以质为标准以衡东西文化，则彼为下劣而我为高明也。方今欲救中国之弱诚有求助于西洋文化，若欲救世界之乱则正当发扬中国文化以救正西洋文化。以精神驾驭物质，以道德支配技术，则物质文明始能为人类福利而不为害。继物质之享受更为心灵之陶养，然后入人生高尚广大之境界。则中国文化与西洋文化乃主与奴之关系，而非旧与新之关系也。此论甚长，此亦不能细说。吾对《新事论》亦不暇详评也。吾有《中国文教论》一篇，读者详取阅焉，于中西文化之异亦思过半矣！

民三十一年作《新理学评论》，三十二年印行，早售毕，索购者多，迟至今，乃再版。本书初版，曾寄赠冯友兰先生，冯先生来函，对本书所难各点，未有答复，但谓彼有《新理学在哲学中之地位及其方法》一文，读之或可以释所疑云云。然该文亦无以释所难也，当即覆彼一函云：

> 友兰先生左右：奉示，对洋评论弗以为迕，至佩伟度！尊著《新理学在哲学中之地位及其方法》一文曾拜读其最后谈禅一段，极惊服。先生之无书不读，各得收归应用，非有大魄力其能之耶！虽然，禅之内容实际不如尊论之所云也。倘能对对方之言论与尊论相违者，用一番痛切思辨而反省的工夫，偷心死尽，绝处重苏，将见先生翱翔太空，驱雷霆，挥日月，益可自由自在，非但一人之幸，文化学说实利赖之。尊意以为如何？……

此为吾对冯先生之期，望顾不知其能作痛切之反省否也。今再版，特志此因缘，以见本书之作，非如一般之争气好胜，旨在对学说思想作切磋推进之功也。1947 年作者谨识。

儒学中兴论

上编　论历代儒学之演变

我国学说以儒学为正统，儒以孔子为宗祖。孔子祖述尧舜，宪章文武，集群圣之大成。弟子三千，贤者七十，传其道者尤以曾子、子夏为大师。战国之世，诸子之学大盛，为我国学说黄金时代。于时则有孟子荀卿两大师，屹立中流，发挥儒学之精义。关于孔子、孟子、荀子之学说详细阐发，已见于拙作孔子、孟子、荀子三《学案》。今更论秦汉迄今儒学之演变。

（一）两汉儒学

战国之末，秦皇统一中国，废封建，制郡县，修驰道，一文字，六国之史籍多诽毁秦者，皆焚烧之。天下车同轨，书同文，此实最合于儒家大同一经之思想，开中国前古未有之局。群臣致颂始皇，谓德迈三皇，功高五帝。

然其统制力过强，革兴过甚，以刑法威力服天下，此与儒者尚德贱力、崇古保守之主义不合。盖儒家之政治思想，一面重统一，一面准民主，以温和之政策待民之自服，而务以德义格人心，而不强人以难从。对于礼教风俗制度政刑，贵因沿损益。所谓因沿者，大经大法古今从同；言损益者，形式节文随时变革。人类文化之流，原前有所承，而后有所开，故有渐变而无突变。突变者，其损害必大，久必还于其故，徒劳而无结果者也。秦既集权统治，乃至干涉及于人之言论思想，是以儒生群起诽毁之。诽毁愈力，而统治愈严，结果遂演成焚书坑儒之祸。将古来学说文化之成绩一举而弃之，以为如是可以遂行专治一统之局，使之长久。乃统治愈严，变乱愈速，结果豪杰并起，胜、广倡之，楚汉继之，而秦亡矣。中经楚汉之争，天下终一统于汉。

汉兴，一变秦之政策，大封同姓，而重文治。于是学说思想从新提倡，废藏书之禁，奖献书之人，就儒术日为世重。自武帝从董仲舒之议，罢黜百家，独尊孔子，置太学，立博士弟子，遂开两汉学说之盛。而汉儒学，后人即称汉学，其宗旨在恢复三代之文治，其急务在整理文献，其精神在通经致用，其治学态度在实事求是而笃守家法。所以然者，皆由秦室巨变之故。苟非秦政之暴虐而速亡，则汉人复古之情不如是之浓，右文之心不如是之切。苟非秦之焚书坑儒，则古代之文献，灿然明备，散在天下，儒生林林，不劳求索，又何用文献之搜求与整理哉？

考史者谓秦时仍置博士，古代典籍存于官府，焚书坑儒并不如后人所言之甚。迨沛公入关，萧曹之徒不知收拾。（萧何所保藏为秦统治天下兵财户籍之书，非纯学说之书。）待项羽入关，大烧咸阳，然后古代典籍乃尽亡。故焚书尤在楚汉之际，非尽始皇之罪也。然使秦皇不统制学说思想，而如齐之右文，老师硕儒、典章文献尽存于稷下，燕、楚、韩、赵、魏诸国亦各有其国家典籍，何至因项羽一炬而尽亡？故秦之摧残古代文献，其罪犹不在焚书之一举，更在其统制文化思想，愚黔首，以吏为师之国策。将六国时代处士横议、学说思想极端自由之风气，一举而熄灭之。故论古代文献学说之摧毁罪在秦，而楚汉之际特其余焰耳！既经摧毁，故汉初所得之书多残缺而不完全。又以口说讹传，必多加考订整理。考订整理，必先有传承，而旁有参证，于是遂成于考据之学。又秦一统，为时虽不甚长，然中间变动过剧，文字改革，天下同文（致古文为篆隶），中间兵戈扰攘，人多不学。汉兴，重读古代之书，乃如隔世，非字字为诂，句句为训，人多不解文为何言，言为何义，于是音释训诂之学兴。此汉代儒学所以集中精力于考据训诂者，以承秦之后也。

孔子曰："不学诗无以言，不学礼无以立。"又曰："诵诗三百，授之以政，不达；使于四方，不能专对，虽多，亦奚以为？"此通经致用之说也。故汉之儒者，有以《春秋》断狱者焉，有以诵《诗》当谏者焉。而其尤重者，乃在立制度、兴朝仪、议政治、齐风俗，以成两汉之文治。承秦之后，真正的融合人心，削除封建，成四百年统一之大帝国，而成天下一家之大同世界。其功绩亦诚不可磨灭也。故吾人论汉学者，固当知其有训诂考据、整理复兴古代文献之功，尤不可不知其有支配人心、影响政治之力。儒家之政治制度，渊源于唐虞三代；而学理发扬，则在孔曾孟荀。遭秦而摧折，亦因秦而激荡，至两汉而安固发展，通行天下，而统一人之思想信仰。朝廷则奉六经为治国之典章，士大夫则奉六经以为立身制行之规律，而乡里化之，则成风俗。而统一之中华民族与国家之基础永远奠定，次第发展，虽经历五胡北魏辽金元清之大变，政权纵有时丧失，国土纵有时分裂，然文化学说、民族国家，则始终一系相承而永无失坠，此吾人对汉儒之功绩所应感激致谢者也。——今此所言之汉学，不纯就今文古文之经生而言，凡朝廷之卿相、山林之隐逸、太学之生徒、议政之党锢，凡整理保存传授文献者及实践躬行施用儒学者皆是。若夫古文今文之争，伏贾马郑之辩，概从略矣。

（二）魏晋以后学风之转变

两汉之后，继以三国两晋，而学风一变，汉儒重考据训诂，重制度典礼，重躬行实践。极于东汉之末，节义高扬，风俗醇厚，而清议严峻。生其时者，罔敢荡检淫闲，亏人伦之义，忘忠孝之节者也。至魏武以申韩之学、法数之术驭天下，于是奖励才勇，崇尚功利，虽寡廉鲜耻有盗嫂受金之行者，在所不弃。继之以司马氏，以狐媚阴谋取天下，在上者之政治作风既乖正道，其立身制行尤悖礼法。士君子清高者孤兴踪隐遁，放旷者佯狂自晦。于是儒学渐废，而庄老代兴，尚清谈，贵玄解，玄学代朴学而兴，空谈代实践而起。浮华靡绮，置国计民生于不问，而优游放诞以自适。卒招五胡之大难，成东晋之偏安，及南北朝之分裂。学说之影响于天下国家固如是乎？东晋南迁，玄风复移于江左。然吾观于其立国之初，刘琨祖逖之奋起于中州，王导谢安之纲纪于江左，陶侃之精勤，温侨之果毅，乃至卞壶郗鉴颜含之徒，莫不激扬忠义，僇力王室，粹然皆有两汉士君子之风，故能维持国运于不绝。儒才之学，固未尝不隐持当代之人心国政也。

至于北朝，五胡破毁之余，宜其儒学莫由复兴。乃晋既南迁，其浮华靡绮之习亦随民族大变而消灭殆尽。遗民生息于兵火锋镝之中，历艰苦以图生存，而儒者立身持家之道，族党生养守卫之义，益感其为实际之必需，而为性分之不容自已。于是北朝之儒学再兴，所守者又为两汉伏贾马郑之经学也。北朝士大夫尤重人伦，数世同堂之大家庭□起，仕而在位者，尤重于政治制度之复古与改革。卒之，以开隋唐两代之武功文治而复天下之一统。民族国家之兴衰岂不由于学说哉！

隋唐儒学，衍两汉南北朝经学之绪余。孔颖达诸人虽于汉魏儒者之说有所折中，然大义微言，无多阐发。于时学说思想之人才多入于佛教。佛教从汉末自印度入中国，历三国两晋南北朝而益盛。名僧辈出，哲匠接踵。其间如道安、慧远，如鸠摩罗什，如僧肇、道生，如菩提流支，若宝志，若真谛等，或来自西方，或出自本土，或翻译佛典，或开宗宏教，风标高峻，慧解玄深。化行之广，遍于南北；崇信之众，普及黎庶。于中华民族文化巨流中实汇入另一巨流，极其崇伟。至大唐有玄奘法师者，自中国游学印度，历十七年，遍学诸宗，极其精博，外道小乘之义，般若唯识之理，无不条贯深入，五天学说界共誉之为大乘天。归来翻译，实当唐太宗贞观之盛，以国力为开译场，于是法相唯识极精深严密之学理，悉来中国。般若大经小乘诸部并与翻译，我国之吸收印度文化，以此为最美善矣。虽数传之后继起无人，大乘真义不得推行于中国。然留瑰玮奇珍之宝藏以待后人之开发，功已宏矣！同法相唯识而起者，嘉祥之三论、智者之天台、吉藏之华严，虽义趣不同，固门庭屹立，制作纷纶。继玄奘法师而起者，有义净之求律藏，有金刚智、善无畏、不空之传真言，佛教教理典籍至唐大备矣。而弃绝语言文字直指人心见性成佛，所谓教外别传之禅宗，异军特起，行象截流，始自梁达磨西来，历魏、齐、周、隋，亦至唐而后北秀南能，禅开渐顿，青原、南岳之后，马祖、石头继之，而临济、曹洞、云门、沩仰、法眼一花五叶盛极一时，独步法苑，为佛教中之大革命。从此以后，历五代、宋、元、明、清，凡言佛法者，皆以为即禅宗也。故佛经之译来中国也，至唐而备；佛教之立宗于中国也，至唐而多；佛法之修行教人也，至唐而变革极巨。吾人若言隋唐两代之学说，则有佛学而已矣。中虽有文中子、韩愈、李翱之徒支撑儒学于其间，而魄力胸量远不足以匹敌当代这佛门诸子。儒学在隋唐，可谓衰矣！

佛法本以出世解脱为归，救世度人亦以度至彼岸为的。故其教不问政治，不关怀国计民生。又且必遗弃家庭，脱离父子夫妇之系累，而后可以专志修行、定慧解脱。但在其未得解脱之前，仍必寄居世间，有衣食住之需要，故必世间宁静，信徒众多，与作外护，而后佛教可行。故佛之弟子分为四众：一比丘，二比丘尼，三优婆塞，四优婆夷。前二出家，后二在家。出家者修行证果，教世人以出世之道；在家者治理国家，经营生产，与修行者以衣食之资。而大乘菩萨，乃以不住生死、不住涅槃、十王大业为修积菩提资粮之方便。居纷乱之世，诚非有大乘菩萨，不足以维持世法佛法也。设能儒佛调融，中印汇通，以成一新兴文化，必能导引人类入康庄坦途。然有唐一代之佛教，大乘精神未能如量宣发，以吸收儒学之长。儒家亦无旷世哲人圣贤胸量足以融摄佛教，以成中印汇通之新儒学。而废绝教义遁迹山林以亟求解脱之禅宗，尤与人世无关。当时人才既多入禅宗，而世间无人维系。陵夷至于五代十六国，禅宗尽管兴，而人世愈乱。人对佛法，益感于世之寡益，于是至宋代而儒学重兴，理学新起。

（三）宋明理学

1. 理学与禅学

宋明理学之兴也，人多谓禅学之衍变，吾则谓为禅学之反动也。禅宗厌弃人世，而理学道在世间；禅宗弃家庭，而理学重家庭；禅宗不问政治，而理学留心政治。此为两者决不相同之点，亦即儒佛之不同也。世有谓禅宗为受中国儒家影响而变化者，则谓禅即是儒；世又有谓理学系受禅宗影响而起者，则谓理学为佛。然吾人且问：古有舍弃人伦之儒，有热情人世之禅者乎？故以正理观察，仍当还禅于佛，还理学于儒为切当也。理学虽由反对禅宗而起，然仍不能谓其全不受禅宗之影响。其影响为何？则反身切己之行持，与静观自得之态度。却与汉儒勤于典籍之探求，略于内心之修养，行仁义而非由仁义行者不同。此其受影响于禅宗者也。禅宗谈心性，理学亦特谈心性。虽其所谈之心性各有不同，然而儒者先来多向外求索，今理学则一切打向内心，虽欲谓其不受禅宗之影响而不可得。然其治学之宗旨与结果，固然不同。以禅宗在求出世，而理学在求淑世也。

2. 理学之旨趣与精神

今如就理学而求其宗旨方法之所在，则可依程伊川先生“涵养须用敬，进学则在致知”两言为代表而下一定义曰：

理学之宗旨，在涵养身心性命与以条理修治，使其发荣滋长，合理的光大起来，以求过一种理性的生活而已。

理学家亦承认人性本善，但于本善之性以外，复谓人有气禀与物欲之存在。本善之性，为气禀所拘，物欲所蔽，则其本善之性莫由显发，而人之行为亦好不能纯善而无恶矣。故吾人可喻常人之心如矿石，矿石中有金，但此金未可以作器，所以者何？杂质渗和，品质即成粗劣故。必将此矿石加以熔炼，去其杂质，留其纯金，所谓私欲尽净，天理流行，然后为粹然至善之性也。常人初生，其善性又如草木之嫩苗，必加以长养发育使壮健坚固，然后可以当烈风暴日，物莫能挠，而可以成材成器。人性必加以涵养之功，然后可以发荣滋长，强立不返，而收成己成物济世利民之功。理学家动言身心性命，其所谓身乃家国之本，而心为一身之主，身不修无以齐家治国平天下，心不正则无以修其身。正心之道，乃在长养发育本善之性而去其物欲之私，然后可以立命，且以立家国天下之命也。

然则涵养心性之道当如何？曰“敬”。敬也者，不放肆，不纵逸，戒慎警惕自强而不懈也。夫治矿者加之以火力，育苗者施之以水土，皆力从外加者也。唯治心者不然，所治者心，能治者亦心。所心治心，宜无从下手。是故唯有敬慎之功，一起心，一动念，均必加以省察，问其可以行乎，其不可行乎。觉其不可行，便立即停止。纵使情之所安，意之所便，亦必自克自制而不使纵逸，不使放肆。此之谓克己，亦即所谓省察克制之功也。如果省察而断其无过可行，则又必慎而行之，努力行之，不达到成功不止。此之谓复礼，即自强不懈之功也。常常如是，自能物欲克除，而善性纯粹，如此则心正而身修矣。夫经商者，经过一番失败，则其投资贸易必详加考虑，而不敢轻动妄为；用兵者经过一次失败，则其防守作战必力求稳健，而不敢疏忽躁进。是即临事而敬之实例。特其动机与目的，乃在求财利之发展与军事之成功，其所求者在外。理学家之动机与目的，乃在作心性之改造，人格之建立，而伟大其人生也。孟子曰：“人有鸡犬放，则知求之，有放心，而不之求。”哀哉！然常人之情，唯役志于外物。故为财利功名尚知敬慎，独于其身心性命莫不关心。此诚人类之大哀也！理学家特别提出心性之改造，人格之建立，始为打入人生之根本问题。盖心性纯粹，人格完成，其生活始能快乐，其行为始有价值。且其快乐为无所依待的快乐。盖内心安定，取消一切内在的矛盾，自无忧患，可以富贵贫贱患难夷狄无入而不自得。无求无取，无待于外，而自足于中矣。其价值为无上的，盖内心纯洁，则所行所为，无要求，无虚伪，一切道德皆发乎心性，而非袭取于外者也。如此纯粹之生活与行为，皆从敬慎戒惧中来，其始也工夫极苦。盖主敬之工夫，无异于自心中设一检察官与审判官，时时检察其过失，时时审判其过失，而与之以明快的觉察与严肃的惩诫。此之觉察与惩诫，皆自觉自治，痛自克责，而不稍与假借者也。有明吴康斋先生有云：生平学问进功，皆在五更鸡鸣时，自省自觉，自克自治，每至涕泣哀号，泪湿衾枕。理学家之自治其心性也，严肃如此。唯其觉照也明，而改过也勇。故使杂染不存，而心地莹洁，自尔光明内发，而明德克明，止于至善矣。古谓不经一番寒澈骨，安得梅花扑鼻香。理学家之敬以涵养其心性也，其工夫盖如此。

所谓进学则在致知者，在伊川之意，似谓涵养为修德之功，而进学则修学之功，修德者立其体也，修学者致其用也。吾人既内有以涵养其心性，外尤当致用于人群，则事父事兄之节，接物待人之仪，冠婚丧祭之礼，兵刑礼乐之用，齐治均平之道，均非学问不为功。如何以致知？当知仍不外乎博学审问、慎思明辨，使此心之知克致于圆备耳。《大学》曰“致知在格物”，晦庵朱氏释之曰：

> 所谓致知在格物者，言欲致吾之知，在即物而穷其理也。盖人心之灵，莫不有知；而天下之物，莫不有理。惟于理有未穷，故其知有不尽也。是以大学始教，必使学者即凡天下之物，莫不因其已知之理而益穷之，以求至乎其极。至于用力之久，而一旦豁然贯通焉；则众物之表里精粗无不到，而吾心之全体大用无不明矣。此谓物格此谓知之至也。

晦庵传伊川之学，此章即窃取程子之意以补之者，故定能得程学之真。而程朱之学，即以是为准，致知之义在是也。程朱以知属于心，以理属于物，故其理为宇宙万物之性质与定律。人也心也，亦宇宙间之一物也，自亦有其性质与定律，而所以知之者，则唯在此心之知耳。能知限于一心，而所知则概括万有。以一心知万物，则必穷尽万物之理，而后吾心之知为广大悉备。吾心之知既广大悉备，然后乃能应万事万物之变，而皆有以对付处理之矣。既能对付处理天下之一切事物，则其效用为无穷也。致知之功，就朱传所说，第一曰：人心之灵莫不有知。此知即是灵觉，乃能知之体，而非所知之义也。第二曰：天下之物莫不有理。此物此理即为所知之义。总体曰物，别状曰理；具体曰物，抽象曰理；质料曰物，法式曰理。理存于物，而物待理成。物者其粗迹，而理者其精义。故物易知而理难穷，故格物尤在穷物之理也。第三曰：惟于理有未穷，故其知有不尽。此言徒有能知之灵觉，而未用之以穷理，则知与理不相接，其知为空虚无寄的，以其未能构成为知识也。故知识之成也，必以所知加诸能知，以能知入于所知，心境相接，所知乃被知而显露于人心，能知乃有所知而充实其内容，即由是而构成知识也。故凡称人之有知者，非谓其有昭昭之灵也，乃谓其有所知识也。故知而不变成知识，其知为未尽也。第四曰：大学始教，必使学者即凡天下之物，莫不因其已知之理而益穷之，以求至乎其极。此有二义：一者就一物言，既知其一分之理，更进而穷其所未知之理而尽知之；二者就万物言，既知此一物之理，即更进而穷余物之理而尽知之。凡此皆为博学之事，积累众多之知识，而无物不格、无理不知也。第五曰：至于用力之久而一旦豁然贯通焉，则众物之表里精粗无不到，而吾心之全体大用无不明矣。此为反约之功，乃贯通一切之知识，而求得宇宙万有共同惟一之原理原则大经大法。以之泛应而曲当，夫然后众物之表里精粗无不到，而吾心之全体大用无不明。此与第四异者，积累之知识，是零散的，差别不同的；此为整全的，贯通的，共同的。夫零散之知，畛域各有所限，知此未必知彼；贯通之知，则因此可以识彼，举一可以反三。畛域打破，而众理皆通。夫天下之物无穷，而人心之知识有限，故积累之知纵极广博，终不能尽物之量，而穷理之全。贯通之知，则知一理而通万理，以一驭万，以简驭繁，而应变不穷。如斯乃真能洞知众物之表里精粗无不到，而吾心之全体大用乃无不明矣。全体者，统知万物一贯之理之知之体；大用者，即此知之施用于物而不穷之用也。到此第五地步，乃为物格而知至。如此以致知，则其学进于光明而成熟矣。此进学在致知之义也。

程朱之理学，一面在去气禀之拘、物欲之蔽，以复本性之善，涵养之使纯洁光明而伟大。一面在格物穷理以致吾心之知，使之多才多艺，并周知深入万事万物之原理，而泛应曲当，致用无穷。前者为体，后者为用；前者为本，后者为末；前才为内，后者为外；前者为作圣之功，后者为治世之用。内圣外王之道，儒者以一身负荷之。其所以特名理学者，内之则私欲净尽，而天理流行，此存心养性之合理化也；外之则格物穷理，使心之所知，知之所用，无不当乎物理之真，此处世接物使之合理化也。理者，性也，故理学家之思想行为生活，吾人可以理性主义一词概之。理性主义一词，对浪漫主义、功利主义而立。浪漫主义纵情，而理性主义节情，故有严肃的风格；功利主义重利，而理性主义轻利，故有超越的气度。浪漫主义求现前之快乐，而不计算当来之利害。自功利主义观之，极怜其愚。功利主义长虑却顾、遇事打算，故能忍情吃苦以赴当来之事功。自浪漫主义观之，深觉可鄙。两者虽殊，要同发于人欲。一好色，一贪财，所追逐之对象不同，因而其为人之态度以异。自理性主义观之，同属于下劣而低级的人生，向外逐物而不识生活之真义者也。将欲求生活之真义，必先求生活之调和。欲求生活之调和，必先去内心之矛盾，故必私欲净尽而后天理流行。天理流行而无私欲以障碍之，自尔调畅安和而胸次潇洒，然后得生活之真乐，其乐为常然不变之乐。此理性主义之始于严肃而终于闲适者也。岂如浪漫才纵一时之情、快须臾之意，转眼梦幻即招致苦恼悲哀者哉？将欲求生活之有价值，必当令身心不役于环境，从声色货利中得解放而自由。既不为物役，乃可以役物而享用之。仁者以财发身，不仁者以身发财。理性主义者超越于功利，乃收成己成物、利安人群之丰功实利，岂如功利者之患得患失为功利之奴役者哉？理学之所以为理学者，其真精神在此。吾人如能注意于此两点，即于理学为有真认识；吾人如能努力于此两事，即可自成为一理学家。濂洛关闽虽殊，然此两点终不能异。即陆王心学，其修己之工夫与作人之态度亦不能有违于此也。然则诸家之异又何因而然乎？

3. 理学与心学之不同

在伊川“涵养须用敬，进学则在致知”之两句话中，显然将养心与格物分为两事。在后来的心学家甚不以为然。王阳明将致知格物解释为致吾心之良知于事事物物，使事事物物皆得其止。又以养气之道在集义，所谓集义者，即是致良知于事事物物，如亲亲、仁民、爱物皆是。由集义而生浩然之气，配义与道，至大至刚，直养无害，则塞于天地之间，如是则是涵养与致知只是一事。因此便说伊川、晦庵之学为支离。盖心学家为一元论者，而理学家则二元论者也。

阳明少尝就晦庵即物穷理之说，格窗前竹子，数日不得其理，因而心病，于是以为圣贤之学非常人所得企及，由此遂不复再作即物穷理之事。后来贬居龙场，居夷处困，念圣人处此更有何道，忽悟格物致知之旨，圣人之道吾性自足，不假外求，向之求理于事物者误也。就此段事实证明一事，即如晦庵所言“即凡天下之物，莫不因其已知之理而益穷之，以求至其极。至于用力之久，而一旦豁然贯通焉，则众物之表里精粗无不到，而吾心之全体大用无不明”之说为不易办到。所以者何？天下之事物无穷，而人生之岁月有限。庄生有云：“吾生也有涯，而知也无涯，以有涯穷无涯殆矣。”欲以一人一生之精力穷尽天下之物理，此为根本不可能之事。既不能穷尽天下事物之理，则一旦豁然贯通更无望。况在当时科学未昌明，对于研究物理之方法工具皆不备，而欲穷之，正不知从何做起。此阳明格竹所以致病。即在晦庵，亦未便能真作一科学家也。纵作得一科学家，然近代之科学家均各从窄而深的研究，不能贪多。治物理者不必精化学，精地质者不必通天文。牛顿不云乎：“宇宙之真理如海岸之蚌壳，我所知之真理如手中蚌壳。”所谓一旦豁然贯通，所谓众物之表里精粗无不到，所谓吾心之全体大用无不明者，乃为一般科学家所不能言不敢言，而晦庵贸然言之，宜其为心学家所不满也。

又再就晦庵所持之物理而评判之。其说多祖周濂溪、邵康节、张横渠、《太极图》《先天图》《正蒙》之说，即阴阳五行、太极无极、气化生克之说也。曰理曰气，皆由玄想构画而出，臆想卜度之词，既无科学实验之功，亦无佛法实证之效，乃玄学非科学也。中国玄学出自老庄，后与阴阳家合，即为后世之道教。有宋儒者承受之，以组织其形而上学宇宙哲学，其实无当也。陆王心学家，绝口不谈宇宙论，不谈阴阳气化之说，实为对北宋理学家以正确之扬弃。呜呼！理学家致知格物之意则是，则其用力则泛滥而终玄虚，其结果为无所得也。

又就涵养心性言，则伊川、晦庵之严恭寅畏，所以治其心者工夫甚难。然孔子不云乎“克伐怨欲不行焉，可以为难矣”，“仁则吾不知也”。徒为消极的克治，而无积极的启发，中无主而量不宏，则亦难养得溥博渊泉之德性。故知伊川之学不如乃兄明道之博大而恰当也。明道《识仁篇》曰：

> 学者须先识仁，仁者，浑然与物同体，义礼智信皆仁也。识得此理，以诚敬存之而已，不须防检，不须穷索。若心懈，则有防；心苟不懈，何防之有？理有未得，故须穷索；存久自明，安待穷索？此道与物无对，大不足以明之。天地之用，皆我之用。孟子言万物皆备于我，须反身而诚，乃为大乐。若反身未诚，则犹是二物有对，以己合彼，终未有之，又安得乐？《订顽》意思，乃备言

此体。以此意存之，更有何事？必有事焉而勿正，心勿忘，勿助长，示尝致纤毫之力，此其存之之道。若存得，便合有得。盖良知良能原不丧失，以昔日习心未除，却须存习此心。久则可夺旧习。此理至约，惟患不能守。既能体之而乐，亦不患不能守也。

此文与其《定性书》为明道最大著作，语语谛当。言学者须先识仁，识得此理以诚敬存之而已。先有所识而后言存，存乃不落空，而为学有趋向，有目标，有把柄。比空言涵养用敬岂不谛当？又言仁则曰仁者浑然与物同体，以见仁之性与量，则人我之分，私意之起，自知其非。又曰义礼智信皆仁也，便知仁非但浑然一体之情而已，其中更有若干条理分际作用施为，方不流于笼统空洞。既言诚敬存之，即言不须防检穷索。盖既先识得仁，何须穷索？先自有主，何须防检？此即后来陆象山先立乎其大者则小者不能夺之义。而以仁义礼智信皆为仁，识仁即识理，亦即后来心学家心即理也之说。曰良知良能原不丧失，曰万物皆备，曰反身而诚，一切出自孟子，而下开陆王。此心学理学之分，而皆出于二程两兄弟，亦一奇特事也。

4. 理学心学在学理上之误失

理学家近荀子，虽主性善，而谓有气禀之拘、物欲之蔽，即不啻谓人心生而即是杂染，又以人之情欲皆不善，不可恃，不可纵。而要在致知，致知在即物穷理。理在物边而不在心，故求之在外。此皆荀子学说之精神也。心学家近孟子，先立夫大则小者不能夺，良知良能本自具足，心即是理，不劳求索。格物之功在致吾心之良知于事事物物，使事事物物皆得其正。此皆孟子学说之精神也。理学家斥心学家为空虚，心学家斥理学家为支离。虽不尽然，然其流弊所及，则确各有所短。所以然者，以对于心理物理即天命性道之原，概处皆未能尽得其真故也。其不得真也奈何？曰：就心理言，则理学家以理为宇宙之大原则，即所谓太极也。此理存于天壤，为一切事物之所由成，其赋于人者即为性，性即理也。理本自然，无乎不善，故人之性无不善。性既无不善，则何以有不善乎？曰起于人欲。然人欲乃有生即有，非自外来也，则亦不可谓非性。由是以之归罪于气质，因分人性为二种：一曰义理之性，二曰气质之性。义理之性无有不善，气质之性始有不善。然而气质又为义理所依，设离气质，则义理无所寄。人既秉形赋性始成为人，即二者同为人物所必需。既两相需，缺一不可，则何得以一为善一为不善乎？又理学家之言性也，多就一事一物所以然之原理法则而言。原理法则仅为空洞的虚架子，犹之房屋之图式然。房屋固必有图式，然图式固非即房屋。房屋之所以能蔽风雨、防盗贼、安寝处、便工作者，固全在其木石砖瓦等之实质也。今言性而只及于空洞之法理，又多谓气质为非善，然则人之为人而欲以成贤作圣也，将何恃而可乎？故理学家不言性理犹可，一谈及于性理，其言多为不通，此其理论之最不合理是者也。

心学家以理为天理，性为天性，天性即天理，天理即良心，良心即仁义礼智信之德。如是以言性，其性为有内容，无理学家空洞之弊。然人既赋如是纯然至善之性，何以会有不善之恶之行乎？心学家则归于意念之动，以为性本净善，待感于外物而动也始有不善。虽有不善，而良知未尝不知其为不善。既知之而格之，则还归于善也。阳明曰：无善无恶心之体（体即性也，无善无恶者，浅释之则为善恶之未形，深释之则为超越善恶之迹，不但无恶，且不可以善名，乃至善之体也），有善有恶意之动，知善知恶是良知，为善去恶是格物。然当问此无善无恶之心，或至善无恶之心，何以会动而便有不善之意，而劳知之格之乎？故龙溪即言心是无善无恶之心，意即是无善无恶之意，知还是无善无恶之知，物还是无善无恶之物。必如是其逻辑始可通也。阳明于是便谓吾此间，接上根人便与之言四无，接中下根人则与之言四有。又谓绪山须识龙溪之本体，龙溪须识绪山之工夫。而最后复告龙溪须识吾此间教学宗旨，还是以知善知恶为善去恶为根本谛当。盖上根之人不易得，若徒为超绝之言，则将流弊无穷也。吾人于此深觉阳明之学有本体工夫打成二橛之弊。盖就理论言，则四无为当；就事实言，则四有为真。既理论与事实不相应，即其于证理有未尽矣。凡此一切，皆两家之短，而互无以相服，亦无以尽取信于人也。

心学理学，理论虽不尽当，然其作人之态度、为学之宗旨、自治之严密、制行之纯净，固无可非；且皆足以表范人伦，而任重道远。数百年间，哲人辈出，蔚为风尚。陶冶人心，净化生活，超功利而耻浪漫。我国风俗之醇美，东汉之后，厥数宋明。其有功于人世固亦伟矣！

（四）清儒之反对理学及儒学之亡

明末，满清入主，国土沦亡，虽忠义之士奋起草莽，肝脑涂地，舍命不渝，然卒无以挽落日而清天步。遗民俊士感慨悲伤之余，对宋明两代之理学心学渐生厌憎之感。始之于顾亭林、颜习斋，继之以戴东原、焦里堂，终之以龚定庵、康长素，最后则为今日之古史派及欧美学派之学者。其学说之破坏方面及其形式，则始之于排斥陆王，继之以排斥程朱，继之以排斥汉魏，终之以根本破坏而诽谤唐虞三代以及孔孟。于是理学代心学而兴，汉学代宋学而兴，今文代古文而起，子史代经学而起。然后西洋学说思潮涌入中国，国人群起而从之，孔孟之教尽被推翻。儒学废弃，人知有科学哲学而已矣。始之以层层复古，继之以全体倾覆。满清一代之学说，乃一复古最盛而革命最烈之时代也。夫学问固不能局于现有，必推陈出新，乃日进于光明。设眷怀往古，以为愈古愈善，而步步走入倒退之途，及至退无可退之日，焉得不变而另走他路。于是乎中国之文化学说自然废弃，而西洋之文化学说代之而起矣，是亦势所必至，而理有固然者乎？

再就清代学说积极一面即其精神论之，则为功利主义、浪漫主义递为嚣张，夺理性主义之帜而起者也。夫宋明理学如彼之激扬理性，何忽被功利主义、浪漫主义排之而起耶？其故无他，盖巨变当前，外境之压力过大，人之理性莫能自检自持也。当其时以功利主义而排斥宋明儒者，以颜习斋为代表。其言曰：

唐虞三代之盛，亦数百年而出一大圣。出必为天地建平成之业，断无圣人而空生者。何独以偏缺微弱兄于契丹、臣于金元之宋。前有数十圣贤，上不见一扶危济难之功，下不见一可相可将之材，两手以二帝畀金，以汴京与豫矣；后有数十圣贤，上不见一扶危济难之功，下不见一可相可将之材，两手以少帝入海，以玉玺与元矣。多圣多贤之世而乃如此乎！噫！（《存学编·性理评》）

吾读《甲申殉难录》，至"愧无半策匡时难，惟余一死报君恩"，未尝不凄然泣下也。至览《和靖祭伊川王》"不背其师有之，有益于世则未"二语，又不觉废卷浩叹，为生民凄惶久之。（同上）

（注）凡清代颜载诸儒之论议，予均自钱宾四氏《中国近三百年学术史》中录出者，未及覆检原书，谨此声明。

习斋以宋明儒者以圣贤自命而却无救两宋及明之衰亡，于是遂以归罪于学说之害，其言论之偏，不难立见。盖国家之兴亡，原因至多，尤以政治军事用人行政之失为直接原因。习斋对于宋明用人行政政治军事之失策一概不及，而归罪于讲学诸儒，真风马牛不相及也。况程朱陆王所至皆有政绩，而阳明之功业尤伟。乃谓宋明儒无一扶危济难可相可将之材，亦与事实相违矣。然诸儒虽贤，而不得大用，沉抑在下，故不能展其扶危济难之才，仅以讲学教人扶持风化为务。国亡君丧，尤复慷慨蹈义，以节义正气照人间，行亦伟矣。习斋乃以亡国丧君，拱手以国家民族付之胡人皆出于诸儒之手，斯真奇论、怪论！然则希腊之亡亦将归罪于苏格拉底、亚里士多德辈，周鲁之亡亦将归罪于孔子、孟子耶？习斋何以误论如此？曰，此无他，宋明儒者高扬性理，而卑视功利，其学说宗旨正与习斋相反。习斋为欲自申其功利主义，故不得不力抨理性主义。则便以两代之儒无救于两代之亡，为其学说无用之罪。蔽于用者，每好取曲径以成其说，而不顾理之安，大率如此也。

习斋既反对理学，故其精力唯在六府三事，水火金木土谷为修，正德利用厚生为和，以兵农礼乐为务。其谓人曰："如天不废予，将以七字富天下，垦荒、均田、兴水利；以六字强天下，人皆兵、官皆将；以九字安天下，举人才、正大经，兴礼乐。"可以知其学问旨趣矣。习斋盖愤外族入主，切志自强，故其学重功利也如此。昔孔子论政，亦曰足食足兵，曰庶之、富之、教之。颜李之学，宁非儒者之学乎？何为以为功利主义而斥之耶？曰，孔子之言足食足兵民信之矣，于不得已而去，则曰去兵、去食。曰，自古皆有死，民无信不立。足见其重信义于兵食矣。既庶既富而终之以教，足见其不以庶富为已足矣。故圣人未尝不言功利，而有高于功利者。未尝不作功利之行，收功利之效，而其心境必超越乎功利而不为功利所役。故有杀身以成仁，无求生以害仁，生亦我所欲，义亦我所欲，二者不可得兼，则舍生而取义。生死尚无动于己，况利害功业耶？此孔子所以有"君子喻于义，小人喻于利"之诫，而孟子有"亦有仁义而已矣，何必曰利"之论也，至于董子则有"君子正其谊不谋其利，明其道不计其功"之说。良以于此一误，则必流于小人杂霸之途，不可不惧也。今习斋之误，不在其谈兵农礼乐，而在其以功利主义之态度讲兵农礼乐，唯其以功利主义之态度讲兵农礼乐，于是竭力抨击理学。由其挟击理学之力，而其学为功利主义也确然。其《言行录教及门》云：

> 郝公涵问："正谊明道二句似即谋道不谋食之言，先生不取，何也？"曰："世有耕种而不谋收获者乎？有荷网持钩而不计得鱼者乎？抑将恭而不望其不侮，宽而不计其得众乎？这不谋不计两不字，便是老无释空之根。唯吾夫子先难后获，先事后得，敬事后食，三后字无差。盖正谊便谋利，明道便计功，是欲速欲助长。全不谋利计功，是空寂，是腐儒。"公涵曰："请问谋道不谋食。"曰："宋儒正从此误后人，遂不谋生，不知后儒之道，全非孔门之道。孔子六艺，进可获禄，退可食力，如委吏之会计、简兮之伶官可见。故耕者犹有馁，学也必无饥。夫子申结不忧贫，以道信之也。若宋儒之学，不谋食，能无饥乎？"

此一段文字，功利思想如绘。首以耕钓之谋获谋鱼，以喻圣贤之学亦尔，真拟人不于其伦也。次以不谋不计即是老释，则直以儒学为俗学矣。次引先难后获、先事后得、敬事后食，以证明孔子之先难了后便要获，先事其事了后便要食其食，先敬其事了次便要食其禄。正如贸易，左手交货，右手拿钱一般。而不解先后两字，古人通作重轻解。如孟子"苟为后义而先利不夺不厌"，后义便是轻义，先利便是重利。又"未有义而后其君者也"与"未有仁而遗其亲者也"同举，便是遗弃之意。孔子本是不计食计获计得，而硬说是计食计获计得。最后问君子谋道不谋食，乃偏说是谋食，而且说得谋道便是谋食，更进一步说谋道比谋食更稳妥。一似孔子以道为手段，食乃目的者。若然，则何以解于夷齐之饿死、颜渊之箪瓢，而孔子亟称之哉？

李恕谷曰："思学术不可少偏，近闻习斋致用之学，或用之于家产，或用之于排解，少不迂阔，而已流杂霸矣。故君子为学必慎其流。"（《李恕谷年谱》）颜李之失，颜李已自觉之矣。

其以浪漫主义之立场而排斥理学者，当以戴东原为主。（东原等虽非即浪漫主义者，而其提奖情欲，则与浪漫主义色彩同，故类归之。）东原之言曰：

> 有天地然后有人物，有人物而辨其资始曰性。人与物同有欲，欲也者，性之事也；人与物同有觉，觉也者，性之能也。欲不失之私则仁，觉不失之蔽则智。仁且知，非有所加于事能也，性之德也。

又曰：

> 凡有血气心知，于是乎有欲，性之徵于欲，声色臭味而爱畏分。既有欲矣，于是乎有情，性之徵于情，喜怒哀乐而惨舒分。既有欲有情矣，于是乎有巧与智，性之徵于巧智，美恶是非而好恶分。生养之道，存乎欲者也；感通之道，存乎情者也。二者自然之符，天下之事举矣。尽美恶之极致，存乎巧者也，宰驭之权由斯而出；尽是非之极致，存乎智者也，贤圣之德由斯而备。

又曰：

> 人之不尽其才患二：曰私，曰蔽。……去其私莫如强恕，解蔽莫如学。……仁且智者，不私不蔽者也。得乎生生者仁，得乎条理者智。
>
> 是故去生生之道者，贼道者也。细民得其欲，君子得其仁。遂己之欲亦思遂人之欲，而仁不可胜用矣。快己之欲，忘人之欲，则私而不仁。（以上均见《原善》）

东原之学，以性即血气心知，有血气心知即有欲。何所欲？在求生养而已矣。求生养而无私，既自求生养，同时亦欲人之生养即是仁，仁非离欲而有，即欲之无私者也。此说也，有极大难题，即是同此求生养之欲，何以忽有私，何以忽无私耶？东原未有说也。在昔孟子则曰："恻隐之心，仁之端也。"不言欲即是仁。又曰："人之异于禽兽者几希，庶人去之，君子存之。……由仁义行，非行仁义也。"此即说人与禽兽同有食色求生之欲，此欲为人与禽兽同者。然而终不同者，则食色求生之欲以外，别有仁义焉，唯人有之，而禽兽无有，此人与禽曾所以不同者也。其式为：

食色求生之欲=禽兽

食色求生之欲加仁义=人

故禽兽≠人

孟子之所云性善者，善之以仁义之性耳，岂善以食色求生之欲哉！东原曰：求生养而无私，即是仁。私而后不仁，然不知求生养之欲即是私，所以者何？自求生养故。然此自求生养之私欲，圣人且不即以为恶，亦不即以为不仁，以自求生养亦正当之希求故。求生养而至于不善不仁者，必其于求生之欲之外更有损害他人之欲之行，即于求生之欲之外而更益以贪残者也。求生之欲而善而仁者，又必其所求非为自生自养，乃志在生人养人。此生养人群之心，即慈悯仁恕之心，而非即求生之欲也，明矣！其式为：

求生之欲加残害之心=不善不仁。

推求生之欲而生养他人，即求生之欲加以慈恕之心=善与仁。

而自求生养之欲非善非不善非仁非不仁，必如此乃为合理。今东原以欲之私者即不仁，欲之公者即是仁，既不说出所以公私之故。且依荀子之说，人生而有欲，欲而有求，求而不得则争，争则必乱，乱则必穷。是故圣王为之礼义以分之，以定人之分，给人之求，而已其乱。故国必有法纪，人必有礼义。积伪化性而后为圣人。则人之性亦恶而已矣。人之欲亦私而已矣。欲之不私、虽私不害者，礼主以节之，法制以限之也。岂得谓性即是欲、欲即是仁也哉？

东原又曰：

> 理也者，情之不爽失也。未有情不得而理得者也。天理云者，言乎自然之分理也。自然之分理，以我之情絜人之情，而无不得其平是也。在己与人皆谓之情，无过情无不及情之谓理。
>
> 理者存乎欲者也。
>
> 凡事为皆有于欲，无欲则无为矣。有欲而后有为，有为而归于至当不可易之谓理。无欲无为，又焉有理。
>
> 通天下之情，遂天下之欲，权之而分厘不爽之谓理。

古之言理也，就人之情欲求之，使之无疵之谓理；今之言理也，离人之情欲求之，使之忍而不顾之谓理。

苟舍情求理，其所谓理无非意见也。未有任其意见而不祸斯民者。

理欲之辨……谓不出于理则出于欲，不出于欲则出于理。其言理也如有物焉，得于天而具于心，于是未有不以意见为理之君子。……不寤意见多偏之不可以理名而持之必坚，意见所非，则谓其人自绝于理。此理欲之辨，适成忍而残杀之具，为祸又如是也。

……宋儒程子朱子，易老庄释氏之所私者而贵理，易彼之外形骸者而咎气质，其所谓理，依然如有物焉宅于心。于是辨乎理欲之分，谓不出于理则出于欲，不出于欲则出于理。虽视人之饥寒号呼，男女哀怨以至垂死冀生，无非人欲，空指一绝情欲之感者为天理之本然，存之于心。及其应事，幸而偶中，非曲体事情，求如此以安之也。不幸而事情未明，执其意见，方自信天理非人欲。而小之一人受其祸，大之天下国家受其祸，徒以不出于欲遂莫之或寤也。凡以为理宅于心，不出于欲则出于理者，未有不以意见为理而祸天下者也。

圣人治天下，体民之情，遂民之欲，而王道备。……今之治人者，视古贤圣体民之情、遂民之欲多出于鄙细隐曲，不措诸意，不足为怪。而及其责以理也，不难举旷世之高节著于义而罪之。尊者以理责卑，长者以理责幼，贵者以理责贱，虽失谓之顺。卑者、幼者、贱者以理争之，虽得谓之逆。于是下之人不能以天下之同情、天下所同欲达之于上。上以理责其下，而在下之罪人不胜指数。人死于法犹有怜之者，死于理其谁怜之？呜呼！杂乎老释之言以为言，其祸胜于申韩如是也。（以上均见《孟子字义疏证》）

东原既以理即情欲之克遂而不爽失者为理，故谓无情欲即无理。而宋儒分理欲为二，相胜而不相容，于是执理者必绝乎欲而违处情。既违情绝欲以为理，则是塞感通之情，绝生养之欲，以贼乎人心与生理。是则理也者，残杀生民之具，其祸天下也乃甚于申韩。此其言之激切也，何以异于近年礼教吃人之说哉？人咸知近年新学思潮之激切，孰知其已开于东原耶？东原过矣！详理欲之说始于《礼记》。《乐记》曰："人生而静，天之性也；感于物而动，性之欲也。物至知知，而后好恶形恶。好恶无节于内，知诱于外，不能反躬，天理灭矣。夫物之感人无穷，而人之好恶无节，则是物至而人化物也。人化物也者，灭天理而穷人欲者也。于是有悖逆诈伪之心，有淫佚作乱之事。是故强者胁弱，众者暴寡，知者诈愚，勇者苦怯。疾病不养，老弱孤独不得其所，此大乱之道也。是故先王之制礼乐人为之节。衰麻哭泣，所以节丧纪也；钟鼓干戚，所以和安乐也；昏姻冠笄，所以别男女也；乡射食飨，所以正交接也。礼节民心，乐和民声。政以行之，刑以防之。礼乐刑政四达则不悖，王道备矣。"东原但见违情绝欲之为害，而不知纵情穷欲之更为害；东原但知力求生养之当理，而不知但求生养之必悖乎理。荀子不云乎："人苟生之为见若者必死，苟利之为见若者必害，苟怠惰偷懦之为安若者必危，苟情说之为乐若者必灭。故人一之于礼义，则两得之矣；一之于情性，则两丧之矣。"圣人见人情欲之不可任也，是故为之礼乐政刑以治之。孟子之集义养心，荀子之起伪化性，皆对人心先有一番修正涵养工夫，然后内之可以自修其身，而外之可以齐家治国。子路问君子，孔子曰："君子修己以敬。"曰："如斯而已乎？"曰："修己以安人。"曰："如斯而已乎？"曰："修己以安百姓。修己以安百姓，尧舜其犹病诸。"言乎内之有敬以修己之功，然后外之可以安人安百姓，而犹病其难能也。因己之欲以遂人之欲，因己之情以通人之情，人饥己饥、人溺己溺之大业，夫岂无修己之功者所能为哉？宋明理学所以特提理欲之辨，正为学问鞭辟近里之功，修己安人之要。盖圣贤之治国治民也，固必先遂其生养之欲，达其苦乐之情。而为治之人，其自治也，则非有超乎生养之欲、苦乐之情之心愿德量，不足以担当天下之重任，怆怀于生民之疾苦而遂民之生养。王曾曰："曾平生志不在温饱。"范仲淹曰："先天下之忧而忧，后天下之乐而乐。"然后可以为贤相。既救民于水火之中，遂其生养之欲，又必教之以人伦，化之以孝弟忠信礼义廉耻，乃可以收化民成俗之效。使人皆过理性之生活，然后人与人间乃可以礼让相接而生养相遂。宋明儒者虽高谈理性，厌憎人欲，然其处家也，孝友慈爱，何尝懈其仰事俯畜之职？其治民也，所至有善政，何尝弛其除民之患、兴民之利、遂民生养之务？又何尝不达民之情，平其冤狱，申其屈抑？（濂溪、明道、象山、晦庵，皆遗爱在民，阳明之事功尤伟。晚明东林党人力争朝政之得失，赴汤蹈火不惧。明亡忠义之士力拒强虏，肝脑涂地不辞。）所谓为天地立心、为生民立命、为往圣继绝学、为万世开太平者，虽其成就未能尽发所愿，以宋明儒者之度量才力，能否达成所愿，亦尚有问题。然而其志未尝不宏通而正确，其对政治之成就虽不足，其对文化教育之成就固确有千年之成绩在。东原之论宋明儒者，一若为一泥塑木雕之偶像，绝情去欲而不食人间烟火者。又视为执理以纠绳残杀天下之幼弱卑贱而曾不稍动恻隐之狱吏然，此等深文周内偏激夸诞之词，乃正流入于申韩之刻核严酷而不自知，夫岂小失哉！

东原虽反对理欲对立之说，反对绝欲无欲之行，然犹未反对仁恕礼义。而以忠恕絜矩即为情理之大公，仍反对极情纵欲，且知去蔽。故其言曰：

> 使人任其意见则谬，使人自求其情则得。子贡问曰："有一言而可以终身行之者乎？"子曰："其恕乎，己所不欲，勿施于人。"《大学》言治国平天下不过曰所恶于上毋以使下，所恶于下毋以事上。……曰所不欲，曰所恶，不过人之常情，不言理而理尽于此。惟以情絜情，故其于事也，非心出一意见以处之。性譬则水也，欲譬则水之流也。……依夫天理为相生养之道，譬则水由地中行也。穷人欲……譬则洪不横流……圣人教之反躬，以己之加于人，设人如是加于己而思躬受之之情，譬之禹之行水行其所无事。

人之生也，莫病于无以遂其生。欲遂其生，亦遂人之生，仁也；欲遂其生，至于戕人之生而不顾者，不仁也。不仁实始于欲遂其生之心，使其无此欲，必无不仁矣。然使其无此欲，则于天下之人，生道穷促，亦将漠然视之，己不必遂其生而遂人之生，无是情也。

所谓恻隐、所谓仁者，非心知之外别有如物焉藏于心也，己知怀生而畏死，故怵惕于孺子之危，恻隐于孺子之死。使无怀生畏死之心，又焉有怵惕恻隐之心？推之羞恶、辞让、是非亦然。使饮食男女与夫感于物先而动者脱然无之，以归于静、归于一，又焉有羞恶有辞让有是非？此可以明仁义礼智非他，不过怀生畏死饮食男女与夫感于物而动者之皆不可脱然无之，以归于静、归于一，而恃人之心知异于禽兽，能不惑于所行，即为懿德耳。

惟有欲有情而又有知，然后欲和遂也，情得达也。……人之知，小之能尽美丑之极致，大之能尽是非之极致，然后遂己之欲者，广之能遂人之欲。达己之情者，广之能达人之情。道德之盛，使人之欲无不遂，人之情无不达，斯已矣。欲之失为私，私则贪邪随之矣；情之失为偏，偏则乖戾随之矣；知之失为蔽，蔽则差谬随之矣。不私则其欲皆仁也、皆礼义也，不偏则其情必和易而平恕也，不蔽则其知乃所谓聪明圣智也。（具见《孟子字义疏证》）

凡上所云，曰忠恕，曰絜情，此亦孔孟之言，宋儒所奉以为圭臬，东原未有以自异于宋人也。然如之何乃可以忠恕、乃可以絜矩，东原未之说也。东原亦恶夫人欲之横流，而未明其所以横流之故。东原知欲遂其生亦遂人之生仁也，欲遂其生至于戕人之生而不顾者不仁也，而不知何以同是欲也，在甲即欲遂其生亦遂人之生而仁，在乙则欲遂其生便戕人之生而成乎不仁。只知其然而不知其所以然，亦何以为“精察事理之智”乎？乃既云不仁实始于欲遂其生之心，使其无此欲，必无不仁矣。则明明以求生之欲即为不仁之源泉，此荀子性恶之论也。乃又忽说，欲而无私即是仁，无欲即无仁焉，然则此欲宁非亦仁亦不仁之体，而自为矛盾者乎？又曰：“然使其无此欲，则于天下之人，生道穷促亦将漠然视之，已不必遂其生而遂人之生，无是情也。”是彼竟不承认有舍己为人，国忘家、公忘私，身可危志不可夺，虽危起居，竟申其志，犹将不忘百姓之病之仁人矣。孔子曰：“志士不忘在沟壑，勇士不忘丧其元。”一切杀身成仁、舍生取义之行皆不立。所谓仁人者，皆爱生命、顾室家、恋财货，即以是而推及乎人者也。有是事，有是理乎？

彼之释仁义礼智、恻隐羞恶、是非辞让也，以为非心知之外别有如物焉藏于心，而即不过怀生畏死、饮食男女与夫感于物而动者之欲与情。夫然，则人之心但有生活之欲、男女之欲，外此别无所有焉。苟此即是仁义礼智，则人人皆有欲，即应人人皆是仁义礼智之人，而更无乎不仁不义不礼不智者矣。然而何以有彼不仁不义无礼无智之行与人乎？东原则曰：欲之失为私而贪邪随，情之失为偏而乖戾随，智之失为蔽而差谬随。而不言其所以失故者其安在，一似私也偏也蔽也皆无因而至偶尔而来者。又曰：不私则其欲皆仁也，皆礼义也，不偏则其情必和易而平恕，不蔽则其知皆聪明圣智也。又不言其所以不私不偏不蔽之因，一似仁义礼智平恕聪明皆偶尔幸获之者。使人之为善为不善、仁不仁、智不智，皆无因幸获，则又谁能必人之仁且智哉？立说如是，亦何以教导天下，使人何所持循乎？

或曰：东原未尝无术以处此也。求仁之道，既教人以强恕矣；求智之道，既教人以博学矣。强恕则情不私而仁，博学则知不蔽而智。强恕之说已见前，其论博学之言曰：

> 人之患有私有蔽，私出于情欲，蔽出于心知。……凡异说皆主于无欲，不求无蔽，重行不先重知……圣贤之学，由博学审问慎思明辨而后笃行，则行者行其人伦日用之不蔽也。
>
> 圣人之言，无非使人求其至当以见之行，求其至当即先务于知也。凡去私不求去蔽，重行不先重知，非圣学也。

此其言亦似也。然人何以能强恕？何以能絜情？未之及。博学审问何以能实之以行事，而不徒为口耳记诵之学，亦未之及也。又安足以成德达才而收教与学之功效哉？由是而知宋明诸儒为不可及也。首辨理欲义利，示人以知所去取从违也。继之以省察克治涵养扩充，使学问工夫鞭辟入里，有以净化性情以立其体也。次之致知格物，所以明伦察物而致其用也。颜渊问仁，子曰:“克己复礼为仁，一日克己复礼，天下归仁焉。”孔言克己，犹宋儒之言去人欲也；孔言复礼，犹宋儒之言存天理也。至于言笃敬，言修己以敬，尤言不一言，安见宋儒之违于孔孟之道哉？儒者之学原有一番严肃而超越的工夫，至宋儒乃发挥为理学，故能支配人心千余年，至清而一一破坏之。清代只出经生，不出巨儒。故不能张儒者之帜，而影响人心不深，成就之人才不大。前有黄梨洲、王船山、顾亭林、李二曲、孙夏峰，皆理学心学之先烈；后有曾国藩、罗泽南，亦犹燃理学之余焰。经生中曾未见有人焉能负天下生民之重任者，大率寻章摘字作考据训诂之业而已。东原较能详义理，然其人欲即天理，怀生畏死饮食男女感物而动之情即仁义礼智之性，实与西方浪漫主义同一鼻孔出气与之暗合。至其谓宋儒以理残杀天下人之说，尤欲破藩撤篱、毁裂网维而开后来浮薄过激之思想。虽欲谓其非浪漫主义而不可得。所不同于西方浪漫主义者，此犹生息长养于儒者礼法之中，犹然称引仁义忠恕，未敢公然决裂耳。亦犹之颜习斋氏之功利主义，依然依倚周公孔子六艺三物以为说，未敢直取苏张孙吴申韩而称霸者。又复规行矩步严于进退去取之节不失儒者之矩镬耳。

自是以后，降及龚定庵、康南海之徒，而学风益大变。宋儒理学昌言身心性命，身必其修，所以竖立人格，坚定而不可移也；心必其正，所以纯洁心术，光明而不可污也。性必其全，闲邪存诚，湛然纯净，不蔽于欲，不夺于境，有以自足自贵也。命必其安，富贵贫贱、利害得失、成败生死之当前视为变化应有之迹，而不足以动其心，然后操守不变，志业不必，从容自得，自强不息，殀寿不贰，修身以俟，以立己之命、立人之命，转移世运而开治平也。定庵之锐志功名，南海之热心权势，其行也无恒，其守也不定，其思想学说也屡变，其心情意趣也贪忧愁苦。无自得之乐，无守身之恒，不度德量力，贸贸然欲负天下生民之重任，而徒为鼎折之凶。以学说为利用之具，为苟便其私之图，于是颠倒古人之学为己用而可，盗窃他人之说为己说而可。自是不但宋儒修身安命之学亡，即有清朴学实事求是之精神亦丧，而纵横权谋之术行于学说界矣。此则功利主义之极端化也，功利之极必走入浪漫之途。定庵之诗曰："风云材略已消磨，某隶妆台伺眼波。"曰："别有狂言谢时望，东山妓即是苍生。"曰："设想英雄垂暮日，温柔不住住何乡。"如是□废尚复有儒者庄敬自强之气息分毫耶？而康氏之《大同书》第三条有："无家族，男女同栖不得逾一年，届期须易人。"居然公妻之论、弃绝伦常之说也。而谭嗣同继之为《仁学》，《仁学》宗旨乃在冲决一切网罗，斥名教、破三纲、绝五伦而弃礼。其言曰：

初当冲决利禄之网罗，次冲决俗学若考据若词章之网罗，次冲决全球群学之网罗，次冲决君主之网罗，次冲决伦常之网罗，次冲决天之网罗，次冲决全球群教之网罗。

俗学陋行，动言名教。……名者，由人创造，上以制其下而不能不奉，则数千年来三纲五伦之惨祸烈毒由是酷矣。君以名桎臣，官以名轭民，父以名压子，夫以名困妻，兄弟朋友各挟一名以相抗拒，而仁尚有少存焉者乎？……忠孝臣子之专名，终不能以此反。虽或他有所摭，意欲诘诉而终不敌忠孝之名为名教之所出，反更益其罪，曰怨望、曰觖望、曰怏怏、曰腹诽、曰讪谤、曰亡等、曰大逆不道。以为当放逐，放逐之；当诛戮，诛戮之。曾不若孤豚之被系缚屠杀，犹奋汤呼号以声其痛楚，而人不之责也。

二千年来君臣一伦，尤为黑暗否塞，无复人理，沿及今兹方愈剧。

君臣之祸亟，而父子夫妇之伦遂各以名势相制为当然，此皆三纲之名之为害也。名之所在，不惟关其口使不敢昌言，乃并锢其心使不敢涉想。……君臣之名，或尚以人合破之。至于父子，则真以为天之所合，卷舌而不敢议。不知天命者，泥于体魄之言也，不见灵魂也。子为天之子，父亦为天之子，父非人所得而袭取也。

自秦垂暴法于会稽刻石，宋儒扬之，妄为“饿死事小，失节事大”之瞽说。直于室家施申、韩，闺闼为岸狱，是何不幸而为妇人，乃为人申韩之、岸狱之。

五伦中于人生最无弊而有益，无纤毫之苦，有淡水之乐，其惟朋友乎！所以者何？一曰平等，二曰自由，三曰节宣惟意。总括其义，曰不失自主之权而已。兄弟于朋友之道差近。……余皆为三纲所蒙蔀，如地狱矣。

今中外皆侈谈变法，而五伦不变，则举凡至理要道，悉无从起点，又况于三纲哉？

> 分别亲疏则有礼之名，自礼名亲疏而亲疏于是乎大乱。心所不乐而强之，身所不便而缚之，缚则升降拜跪之文繁，强则至诚恻怛之意汩。亲者反缘此而疏，疏者亦可冒此而亲。日糜有用之精力、有限之光阴，以从事无谓之虚礼。……故曰，礼者，忠信之薄，而乱之首也。……礼与伦常皆原于仁，而其究可以至于大不仁，则泥于体魄之为害大矣哉！

如彼所言未尝不有中当时儒教之蔽者，而见理偏至，持论刻激。东原但非难理学而已矣，浏阳乃并汉儒之纲常、周孔之礼教，而一并摧毁之，由是而网罗决、藩篱撤。凡我国数千年来所以维持社会人心、以为治安修齐之道尽弃毁。而儒教亡、儒学废，国人咸以为中国无文明、无学说、无教化，自侪于半开化民族，而一一祖尚西洋之文明学说教化矣。自清末以至民国，新文化运动兴，其摧毁中国之学说教化也益不遗余力，乃至有全盘西化，文字语言都将舍其故有而从之。清儒之诽驳宋明也，尚以儒驳儒，以理驳理，以中国之学非难中国之学也。至是而中国所有，概为非是，所奉持以为绳墨规矩者一唯西洋耳。然而西洋文化之真精神仍未输入，西洋文明之大业产仍难承受。其所得者，乃急功好利、富强侵略之功利杂霸思想，与夫荡检逾闲淫奢放纵之浪漫无礼行为耳。举国之人当存亡绝续之交，无立国之远模，无济世之宏愿，一是以贪权逐利逸乐奢惰为习，前途危殆，何堪设想乎！

（五）儒学衰亡之原因

吾人今更求其故。孔孟之教、宋明之学濡染深入于我国人心者数千年，何以至有清一代而零落衰败一至于是乎？曰：究其所以然，却有二端。一者儒学内圣之学、外王之道犹有未尽美善之处。二者外力横厌有以促其崩溃也。

所谓内圣外王之道未尽美善者，且如内圣之学，理学家所谓为身心性命之学是也。即此身心性命之学，自孔孟荀以及理学心学，即尚无一确定不移之学说体系足资持循，每随人而发生歧义。盖儒家自孔子为学即重视人生而不高谈玄理，对于人生哲学训示中正，可谓极高明而道中庸。然于宇宙论、形而上学、心理学，即未明言其所以然。子贡曰：夫子之文章可得而闻也，夫子之言性与天道不可得而闻也。《论语》又谓子罕言性与命与仁。既未明言，于是后儒对此等问题即各就其意见卜度而立说。性之一问题，至孟荀而特重。然孟荀学说之不同，即以性善性恶之不同为根本，历汉唐而无定说。宋明儒者对此问题亦特别注重，大都遵奉孟子性善之说，无公然主张性恶者。然于人性之有不善又为事实上不可否认之事，而性善说不足以通之，于是乃分性为义理之性与气质之性二种。然有宋儒者对于宇宙论多主张气化说，即与唯物论相接近，则性者不过一形式法则耳。实质唯在气质，既离气质无别物，则舍气质之外亦安有所谓义理者哉？于是有清儒者多主张天理不外于气质。若然，则但有气质之性，何别有义理之性也。既离气质无义理，于是乎即人欲而见天理，而孟荀之界域泯。然而荀子固不许人欲之性为善，孟子固不许性善在乎食色之欲也。是则理学家对性之一根本问题迄无定说也。又天道或天命之说，即所谓宇宙论、形而上学者，孔孟虽皆有极精深之见解，不难于其全学说中求得其体系，然而微言至难显发（吾作《孔子学案》《孟子学案》对此曾有细密之整理与解答），是以后之儒者多不能明。至于荀子有役物制天之论，与今日之科学思想极相同，精悍明辨，不失为一唯物的天道论者。吾作《荀子学案》发挥其义，列之近代哲学，诚可称为一大家而无愧，但亦为后儒所忽。后儒论及天道天命多沿袭道家阴阳家之学说。故宋儒多主阴阳气化论，周程朱张是也。其说近于唯物论，与理性主义的人生论实不调和，盖西洋之凡持理性论者无不为唯心论者也，而唯物论者多同时为功利主义或乐利主义者。既有如是之不调和，是以心学家象山、阳明出，多斥理学为支离。但心学家对宇宙论亦少积极之主张，仅置之不谈而已矣。在如此不健全的学说系统下，既易来诽毁，于是清儒出而层层予以推翻。及至西洋哲学科学入中国，理学家于思辨理论上既无如彼之严密精当，乃相形见绌，遂以为中国无学，此儒学之第一缺点也。

再就外王之道言之，儒者尚德治、重感化，不以智力服人，而以信义为天下倡；无国家思想，有天下思想。是以大同与德化者，儒家之王道论也。其规模至大，其理想至高。圣贤以民胞物与之怀、严肃公正之操，行一不义，杀一不辜，虽得天下而不为。所谓王道出于圣学，尤为有本有源至当不易之道也。然在中国，因系农业国家，农民多无暇参政治。又中国为版图最大之国家，政府组织不便于民选，是以自孔孟之后，二千余年，政治之理论虽高，而政治之制度组织不进步，多为专制政治而不曾进于民主。专制政治主权在人君，而君位世及，不能代代皆贤，每数传之后，才弱年幼不能理政事，大权即旁落于宦官宫妾之手，而奸佞小人乃得倚势作恶，而国命民生被其断送。秦汉而后，天下成王室之私天下，数传之后，国政变坏，天下即复乱，皇室亦即随而灭亡。天下人民民族国家与皇室同受无穷之苦，历数千年而莫能变。卒之以天下授之，夷狄盗贼而莫之如何。然则儒者虽未有亡国家之行，而固始终无能救于天下之乱，则王道之行犹未尽其量也。

再就国计民生言，中国学问之方向，重在政治人伦，即重在人与人的关系，而不看重人与物的关系。其治学之方法，不是在意识上虚构空想高谈玄理，便是在书本上训诂考据攻其细节。欲求如西洋人对物理之实际用功而专志不二，以发明其质性功用成专科之学者不可得。科学既不成，工业即无进步。于是利用厚生之学不昌，而永不能克服天灾以兴民利。王道必须救民于水深火热之中而遂其生养，孟子谓养生丧死无憾为王道之始，我国儒者竟亦不能养民保民使养生丧死无憾。陈龙川、颜习斋之徒，虽力倡功利主义，六府三事、水火兵农以为当务之急，究之亦终无所发明，不久而替。科学不兴，终亦如功利何也。况夫真言科学者，尤必须有超乎功利“为学问而学问”之精神，始能穷物理之精微。不然，则亦无得。待理论科学既成功，然后实用科学始缘之而起。儒者既走入玄想与训诂之途，而不走科学之途，否则走入主观致用之途，而不走客观穷理之途。此所以终无救于国计民生，而听其一治一乱而莫能救，则王道之功仍犹未备也。

所谓外力横厌促其崩溃者，清之一代，我汉民族初遇满清之巨寇，神州陆沉，而莫能收拾。继之以顺康雍乾四代之统治，而莫能兴复。庄生有云："齐田常之盗齐也，不但举其土地人民而盗之，乃并其仁义礼制法度而盗之。"清之人主中国是也。不但盗窃我之土地人民，又且盗吾之文化学说。康雍乾诸朝，一面高谈文治，崇孔孟，尊理学，以朱子集注取天下士，开博学鸿词科，修明史，搜求遗民故老，开宏文馆，收《四库全书》，一若文治之盛，超越唐宋；而一面大兴文字之狱，凡稍涉忌讳，莫不严刑峻法以诛夷之。然则满清之崇孔孟之教、尊程朱之学者，只不过以为束缚汉人之具，使无敢反叛耳。法人有言曰："自由自由，天下许多罪恶皆假汝之名以行。"彼窃理学礼教三纲五常人伦之教以为束缚诛夷天下之具，亦如之耳！颜习斋以之倡功利之论于前，戴东原以之反对理性提倡情欲于后，是皆愤于满清入主，民族不竞，理学仅供其钳束人民之用，故激而为此，亦情有可原。至康、谭之世，国势骤变，自鸦片战后，继以太平天国之乱、义和团之役、八国联军入北京、甲午之役、中法之役，无不丧师失地，藩篱尽撤，国有累卵之危，民有偕亡之惧。有识之士，外怵于西洋势力之逼人，内感于满政府之不足以担荷重任以越度艰难，于是变法维新、革命图存之要求日亟一日。曰变曰革，自非从学说思想上下手不可。而破坏之革命，尤必带过度之偏激思想，一面欢迎西方富国强兵之功利主义，一面欢迎西方之平等自由乃至于纵情肆欲之浪漫主义。于是自康、谭而后，其势益炽。洪水泛滥，满清政府以之推翻，而中华民族数千年之文化学说尤其是正统之儒学亦随之而倒。正如东汉之末，宦官为祸，士大夫腐心怵目而欲诛之，何进无谋，董卓造乱，群雄并起，宦官既诛夷殆尽，而光武明章辛苦缔造之天下亦随之而亡。投鼠而器亦破，斯诚亘古之大哀也。

因满清之入主而有汉学，汉学兴而宋学衰；因西洋势力之侵略而有近日之新学，新学兴而中国之固有学说废。国之人，日惟亡国灭种之惧，而功利主义兴。然而满清既一哄而亡，形如振槁；日本亦八年便倒，势如土崩。然我种族依然，国家依然，此亦出于一般忧时虑患者意想之外者也。胜利既获，举国狂欢，中、美、英、苏，并称强国，此正中华民族扬眉吐气之日矣。乃一年以来，内乱纷纭，其祸转烈；政治无力，贪污厌闻；财竭民贫，趋于绝境。而都市之奢淫，士风之昏暇，乱朝乱国，真可当之而不愧。然后知外侮不难御，而内乱斯足畏。抗战容易，建国真难矣。所以然者，强敌攻人，彼亦自有强敌。暴力互倾，有时自倒。故有可侥之幸，有意外之获。而立国图治，则非国有真才、人有真学、鞠躬尽力、矢志忠贞、操守严明、心量宏远者，不足以国忘家、公忘私、有守有为，以建立国家之纪纲，而谋生民之福利。节节而为之，铢铢而积之，日积月累，久之乃有成效。无侥之幸，无可意外之获也。今国之人，苟非急功好利、贪权怙势之徒，即奢纵淫佚、浮薄嚣张之辈。图私利，安问国家之兴衰；争势权，则不问人民之涂炭。道德不足以息其狂心，法律不足以禁其贪欲。瞻念前途，真令人不寒而栗矣！

下编　论当来儒学之重兴

（一）儒学之修正与补充

今将为国家民族万年之计、报本之图，仍非讲学明道不为功，而讲学明道非仍复兴吾国之文教不为力。为吾国文教之正统者，儒教也，理学也。为救治今日功利□废之人心，超越而严肃的理学尤为应时之药。虽然，当此学说尚思辨重实证之时代，玄想之理学其可以自存乎？当此四海困穷之时代，对政治无办法，对民生无办法，其足以自立乎？是故今日而提出儒学理学必应有相当的修正与补充，而绝不可抱残守缺固步自封，以遗陈腐无用之讥也。其道奈何？曰无他，取湛深严密之法相唯识学以修正补充儒者心性天命内圣之学，以民治科学以修正补充儒者为政利民外王之学，可也。

1. 身心性命之学之抉择与重建

佛教教义，博大精深，始从人生之价值深观人生之缘起，终为尘世之解脱。凡西洋哲学所谓本体论、认识论、人生论、价值论等，无不应有尽有彻底澄清而与以究竟解决。其学说之演进，至于法相唯识学兴而至极圆满。其对人生之态度，亦以菩萨精神之不住世间、不住涅槃、悲智双运之自他拔济共成正觉为伟大崇高，而与圣贤拨乱反正、己立立人者之心愿事业同。其他各宗，或偏于出世而悲愿不宏，或慧解有余而修行不足，或说理粗疏而论证不具，是皆不适于科学哲学昌明而国计民生困弊亟待解救之今日。禅宗简捷矣，然非利根不克受用。况其孤往高蹈之行，非菩萨行、非圣贤行也，无以救于今之世。故今日而言，接收印度文化、接受佛教学说，唯有法相唯识为最应时机也。

（1）论心

法相唯识之学，其对人身心性命之解析也，曰五蕴聚积，假立有情。色蕴、受蕴、想蕴、行蕴、识蕴是为五蕴。色蕴者，外而色声香味触，内而眼耳鼻舌身，五境、五根总名色蕴。依五境有器界之建立，依五根有根身之存在。根境相合则有心生，根为心所依，境为心所缘，依根缘境而识生也。心之感于境也，最初起受，感其苦乐；次起于想，辨其何等；次起于行，施之反应。行中则有善染无记各类心所，除受与想共四十九。由此各别心所发起行为，行为为业，业复生果，而为之统摄者则为心王，心王即识。识有八种，谓眼识、耳识、鼻识、舌识、身识、意识、末那识、阿赖耶识。眼等五识所以接受色等五境，意识更于此所接受之五境外分别探究其法义，而起诸行业。末那执藏阿赖耶识以为自我，并为意根。阿赖耶识为异熟体，内变根身，外变器界，为宇宙人生之主体。同时摄持诸法种子，受诸法熏习。由此为因，乃生一切心心所色诸法现行。宋儒好言心，然多笼统。唯识之分析心也，八识、五十一心所，所依所缘，业用各别，精详如此。

（2）论性

法相唯识之言性也，约有三义。一者诸法真理，是为法性。此略当于理学家所谓之理，但理学家之理为宇宙人生之最高原理，有生起制驭宇宙人生之力，所谓太极无极是也。然佛法之法性但为诸法之实相，称为无为法。不生不灭，不垢不净，不增不减，体虽净常而对诸法不主不宰。详言之，则有七真如、三性、三无性等分别。此不能详。二者种性，谓即诸法种子。缘诸法之生必有因缘，因缘为亲因，乃生色等诸法。随其种有不同，故所生之法有异。各有自性，万象体殊。此相当于理学家所谓生之谓性，为一切心理作用生理作用之所依而起者也。然理学家之言性也，多认为一整体，如水之源，同此整体之一源分派为诸流，则万角生，生生不息之根本则出于唯一真性也。而唯识之论种性也不然，彼不谓为一整体，而谓为无数无量不同之种子，由此种子之不同，故万法有差别也。三者善恶之性，佛法谓种子皆无记。以其未起业用，不可辨别其善恶故。善恶之分也，分于诸法生起所起之业。业有益于自他并及二世也，谓之善；业有损于自他并及二世（现在未来）也，谓之恶。其他饮食之欲男女之行等，无损益于他人与后世者，即但名无记。善恶之义既明，然后求善恶所由起。唯识言善恶之起，起自心所，不起自心王，即起自行，不起自识。行中有烦恼善法之分，烦恼有根本烦恼六，大随烦恼八，中随烦恼二，小随烦恼十，共二十六，业用各异。通常所谓贪嗔痴慢者，实烦恼之代表。善法有十一，曰信（忠诚）、惭愧（耻）、精进（勤勇）、无贪（清廉）、无嗔（仁恕）、无痴（明达）、不放逸（敬）、行舍、轻安、不害。此中烦恼唯染，为一切罪恶之源，然亦有不至于为恶者，如对饮食之爱味、玩具之爱好等，皆贪而不为恶，但称有覆无记。贪之至于恶者，必至于损人以利己，纵欲而无节，以至遗害及于后世者也。善法唯善。盖由不善之烦恼所作，必为罪恶；由善法而行，必为功德。即此善法名为自性善，不善之烦恼名为自性不善。自余八识心王及遍行、别境、不定诸心所，性通三性，名为相应善相应不善，不名自性善恶，以必待与善法相应而后善，必与不善烦恼相应而后不善故。

善恶之义及其所由起之因既明，而后儒者性善性恶之争可不繁言而解。如以法性论，则是法真理，故体全善，然非业用之善也。如就种子言，则未起用故，无善不善，体唯无记。如从后时所起果法及从最先熏习彼法言，则有善，有不善，有无记。如就现行法业用之性言，则不善烦恼其性不善。善法之性即是善。儒者于性既不分别，对心王心所种子现行亦无剖析，而笼统言性，故有性善性恶之争。然言性善者，固无能否认人之有恶；言性恶者，亦不能否认人之有善。各持一偏之根据，为不圆满之理论，终无以互相服也。宋儒既主性善，又别立一气质之性与义理之性对立以释人生有罪恶之难题。然而两性之对立，亦未能有圆满之建立也。

今得佛法之论性而修正补充之，则凡孔子孟子荀子之说皆可通，而宋儒去人欲存天理致良知之说亦均无弊，而反对理学以人欲即天理之说不改自破矣。所以者何？一切有情均具有一切种子，而种子未现行时则皆无记。既经熏习，习于善者善种现行，其势日增，遂成善人；习于恶者不善法增，遂成恶人。此孔子性相近习相远之说也。其有多生习善则生而贤善，是为上智。以善种强故，虽遇恶习，如青莲不染。积恶者反此。斯孔子上智下愚不移之说也。信惭愧精进无贪无嗔无痴不放逸诸善法之种子，为一切人所同具，遇缘即发为恻隐羞恶辞让是非之善心，则孟子曰仁义礼智我固有之非由外铄之说立矣。然而人在同时即有贪嗔痴慢一切种子随缘即发为不善之行，则荀子性恶之说又岂无据？既一人之心善法烦恼种子同具，此起则彼伏，此灭则彼生，两敌既不并立，则孔子克己复礼《周易》闲邪存诚、宋儒去人欲而存天理之说皆通，而终不如伏除烦恼修行善法之言为最精当而确切。至于怀生畏死饮食男女之情欲，于佛法谓之曰无记。其所以善者，必出于仁义忠恕始为善；其所以恶者，必出于贪嗔痴慢始为恶。故人悯恤他人怀生畏死之情乃为仁，而怀生畏死之情非即仁。犹之残人之生致人于死之谓恶，非怀生畏死即是恶。夫然，安得奖情欲以为仁义为即天理哉？则东原之反对理学者，为全无据矣！人有善法，即是良知。至此良知，即力行其善法于事为。随其行之久而力日强，伏除烦恼使不能害，此即集义以养其气，亦即先立夫其大者则小者不能夺之义也。必如是以论性，其说始备，其义始圆。君子不敢我慢贡高侈谈性善而忘战兢敬畏之心，小人更不可委谓性恶而不勉于为善。佛义既明，儒理尽得，故论性必准之以佛法也。

（3）论身

儒者言心，同时即言身。意即《大学》“欲修其身者先正其心”“心正而后身修”之义也。欲心之正者，其道在使善法现行、烦恼不起。根于心者既纯为善法而无烦恼之间杂，则心自纯洁而纯正。心既正而身自修。身修与否，表现于行为。行为皆出于善法，善法增长，自尔严守正道，利济有情，光明伟大。以光明伟大的行为，建立光明伟大的人格，如此而身修矣，身为家国天下之本，身修而后家可齐，国可治，天下可得而平。此为儒者修身之义，得佛法而理益明矣。

（4）论命

儒者言性，同时即言命。性言心之所具，命言身之所受也。性具于心，而有仁义礼智，此当尽其所能，以致之躬行实践者也。命受于境，而有富贵贫贱、荣辱盛衰，此当安于所遇，而不应怨天尤人者也。儒者言安命，又言立命，又言知命。孟子曰：“莫非命也，顺受其正。”此安命之说也。又曰：“殀寿不贰，修身以俟之，所以立命也。”其意谓人之苦乐荣枯，虽半由前定，亦半由人为。果能发殀寿不贰之决心，修身以俟之，则自可以改造前途，使就光明。圣贤则不但能改造一己之前途，更能改造其家庭社会乃至人类之前途。宋儒所谓为生民立命是也。立命既本于修身，而修身又本于正心，修身正心皆本于尽性。故能尽其性者，能立其命者也。贤者尽己性以尽人之性，尽人性以尽物之性，即能立己命以立人之命，且立物之命也。尽性修身为因，而立命为果。宇宙人生为因果之洪流。将来之命既由现在所造，则现在之命亦由先来所造，如此则现在未来一切一切皆自作自受耳。

此其说也，甚有合于佛法之处非处与自业论。所谓处非处论者，意谓有因则有果，有何种因则有何种果。作善则招福，作不善则招祸。因之善恶与果之苦乐，乃如影随形，如响应声，而莫由相代，斯之谓是处。反之谓作善而得祸，作不善而可得福，则必无是处。是处非处，理既决定。因果之理，确然不移。然后人之行为乃有一定取舍从违之宜，而所行不迷于方，可以遵正道而避危殆矣。自业论者，意谓宇宙人生，一面既随因果定律而流转，一面又谓人生之因果咸归宿于自业。吾之受果，乃由吾所造之业所致。如不造某种之业，即不受某种之果；即造某种之业，即定受某种之果。非由天罚，非由神赐，且亦非可由他代作或代受之也。知自业之论者，然后明于人生行为之责任。任何行为皆无所逃于天地间也。儒才言知命，得佛法处非处论、自业论而益明。

纷然繁变之宇宙人生，乃有其秩然不乱、确然不移之定理公律。儒者每言变化流行之谓命，谁之变化流行？曰，因果之变化流行，自业之变化流行。其变化流行也有定律，有定理，而不可违越。知命者，知此也。既知此，则安命立命益有据。现有之命，先业所引，作已必受，为苦为乐，无所避之，则安之而不怨。未来之命，今业所招，为苦为乐，可由自造。安可不勇猛努力、守道不惑以为之乎？虽然，世间每多不合理事，颜渊早夭，伯夷饿死，孔子困厄，屈原沉湘，而盗跖日杀不辜，横行天下，长命寿终。其他类此之事不可胜数。若然，则儒者立命之说为虚说，而安命之说为迂腐矣。在佛法，又有以处此。佛法言宇宙人生之因果流也，非但止于现生。其一生之所受，非由其人之生而忽生；其一生之所作，非由其人之死而忽灭。人之生也有所从来，来自先业；人之死也有所至，至于后果。由是因果通于三世，而生命永无穷竭。今生所受有非今生所曾作者，则作之于往业；今生所作有非今生所及受者，则受之于来生。是以奸暴之人福有从来，贤圣之人善不唐捐。更由此而建立三界五趣九有四生，更由此而建立异熟等流穷生死蕴。而后知命立命安命之说乃不限于人寿数十年间，一切疑难滞碍悉皆通达。

（5）论天道

更言天道。儒言天道，盖有多义。《诗》《书》言天，多为具有人格之神。上帝之名乃数见于《诗》，以为上帝者乃大公无私生养人物而司其祸福者也。然在《诗经》已对天有不平之鸣。如曰："浩浩昊天，不骏其德，降丧饥馑，斩伐四国。""旻天疾威，弗虑弗图。舍彼有罪，既伏其辜。若此无罪，沦胥以铺。"即谓天道无知，昏乱不平，赏罚不当也。至孔孟已不言上帝，直以天道为一种因果定律。微言不能详辩，辩之于吾《孔子学案》《孟子学案》。至荀子以科学家唯物论之思想，主张治天役物。则以自然为天，以自然律为天道，人能知此自然之定律，顺理而不违，则可以控制天然，而为天地之主宰。打破一切迷信，识见极伟。然在科学未昌明之时代，征天役物之功未著，信奉之者不多。秦汉而后，阴阳灾异之说代兴，乃成半唯物而半鬼神的天道观。

至于两宋，综合道家与阴阳家之思想，更渗入儒家之伦理观念，于是有阴阳气化、乾父坤母、民胞物与之说，而以周濂溪、邵康节、张横渠为代表。其为说也，阴阳气化，则近于唯物论；其言天命流行即是天理，则又近于玄学家之唯理论；时复承认有主宰有鬼神，则又似有神论；有时言理与气为一切生化之本，则又似理气二元论；其言气也，统血气心知以言之，则气有灵知，而心有体质，则又似中立的一元论。其立说不定，其理论游移，吾人欲于理学中求得一确定的本体论宇宙论，盖不可能。所可能者，有宋理学家，无论其偏于唯物唯理或偏于唯心等，要之皆如一般的哲学家同承认宇宙为客观的实在，人类万物乃自此客观的实在宇宙中分化演变而来。人既生从彼来，死亦还归彼去。既去而重来，则另有化合，即非旧我。故自人物虽有死生，而宇宙永无增减；人物虽有差别，而宇宙本为一体。故就小我而言，则有生死人我；就宇宙而言，则无死生人我。人能去小我之封执而体天合道，则与天地合德，日月合明，四时合序，鬼神合其吉凶。人而天，无生死，无人我矣。此为理学家之天道观，亦即其最高之境界也。

此之为说，有难成立处。盖如是说，则有情之身心均不过暂时之化合。其生其殁，莫能自主。立德立功，转归幻灭。而人畜之体，暂分而终归于一；善恶之行，始异而终入于同。圣贤君子之立德立行与宵小凶淫之作恶为暴，其生也皆来自此天地，其没也还同入此天地。天地宇宙者，一善恶驳杂、金石渗和之混沌场耳。如此则何有功罪之分？何有是非之辨？何有定理可说？何有正道可循？宜庄周之《齐物论》为是，儒者之辨善恶为非；杨朱之纵情欲为得，儒者之忍性情为过。悠悠天地，古往今来总是一善恶杂流耳，则何理之可循，何命之可立哉?

佛之言天道也不然。彼不承认有客观实在之天，天也者，乃即人心之变现，不能离自识而有。虽则春生夏长，草木成林，禾稼成群，水流山峙，风动雷鸣。而无情之物，均有情业感识变而已。云何知然?今聚众人于一处而同观一境，随其识力不同，其所感觉即殊；随其情趣有别，所生苦乐即异；随其习性之差，而所谓美恶即违。庄生不云乎:“民涇寝则腰疾偏死，鳝然乎哉?木处则惴栗恂惧，猿猴然乎哉?三者孰知正处?民食刍豢，麋鹿食荐，蝍蛆甘带，鸱鸦耆鼠，四者孰知正味?猿猵狙以为雌，麋与鹿交，鳝与鱼游。毛嫱、丽姬，人之所美也，鱼见之深入，鸟见之高飞，麋鹿见之决骤。四者孰知天下之正色哉?”此现境当前，随人所感而各异，即各人所见唯自心境也。至于幻觉错觉病觉，即一人之身，先后同见一物亦不同。在此犹必有所待也。至于梦觉，则一榻之上，天地山川、草木人物，莫不变现，尤为识变宇宙之证。乃人处天地而不知其自识变者，则以未成大觉，如处梦中，不知识变也。有多深义，非此能明。自有唯识二论在。既人变天地，则人既众多，如何天地唯一?曰：各识各变本自不同，而共业所感，处时不异，形状相似，则便觉其为一耳。如光光相网互遍室中，时处是同，而体各异。既天地由识变，人有死生，天地不生灭者何也?曰：自有情所变天地，虽随自有情而转变起灭，然余有情相续故，其所变天地依然。如室燃千灯，虽去一灯，而余灯之光仍照全室，光并不灭也。唯识之理趣无边，此中不能尽说。此但说明人不从天地生，天地乃从人生，一切有情并不同一宇宙，而每一有情即有一宇宙也。佛法之言天也如此。

天义既明，天道之义亦有略可言者。既天随人变，即无所谓天神上帝足以主宰人之祸福，故佛法为无神论者。既宇宙识变，故佛法为唯心论者。又此宇宙虽由识变，而识又随业感，故佛法之宇宙如人生然，同为业感缘生论者。即此无神唯心之业感缘起，故宇宙天地之优劣高下苦乐，乃随有情业力而转易。地狱与人既殊，人与诸天复异。随根身之不同，而天地亦悬殊。故欲净化天地，当先净化自心，如是之宇宙论、天道论，实超出常情，真不可思议者也。天地既随心生，亦随心灭，二乘入无余依涅槃，则天地无有。无色界天无器界，故亦无天地。而诸佛菩萨净土庄严，则造极乐世界以度众生。故佛法以宇宙摄归人生，以境界摄归心识。业力既异，天地悬殊；心性不同，宇宙随异。以如此而言尽心知性以知天，以如是而言修身以立命，真是穷古今、贯天地，而为之主持，为之建立，为之转易矣。《易》曰：“先天而天弗违，后天而奉天时。”在佛法则只有先天而天弗违，更无后天而奉天时也。宋儒谓为天地立心，佛法则天地本由心变，不更为之立心也。必知此伟大的宇宙观，斯可以充尽心立命之伟业。儒学得佛学乃益深宏矣。

（6）止至善

佛法虽如此的言身言心言性言命，然犹未以此为满足。所以者何？在佛法的价值论，则对此有漏的善行，未能谓为至善；有漏的心性，未能谓为极净；有漏的生命根身器界，未能谓为真乐。而一切皆非常，皆无我故。所以者何？佛法有世、出世间之区分，有有漏、无漏之简别。有漏之法，若因若果，皆有执取，皆不离相。有执取故，即有爱著，即有诤讼。因非至善，果非真乐，体非极净，故曰诸行无常，诸法无我，涅槃寂静，有漏皆苦也。必从有漏善法引生无漏善法，由无漏善法引生无漏圣果。然后性为无漏种，心为无漏体，根身则金刚不坏，宇宙则净土庄严。不住生死，不住涅槃，度诸有情，同成正觉，至斯然后修行功德圆满，至斯转依清净。《记》曰："大学之道，在明明德，在亲民，在止于至善。"儒虽不言转依正觉，然明明德实为自觉义，亲民实为度生义。善不至于无漏转依，又何以为至善乎？佛之大悲般若，实与儒之仁智义同。佛之智，归无所得。而孔子曰："吾有知乎哉？无知也，有鄙夫问于我，空空如也。"佛之慈悲无相，而孔子言仁，则全无要求，无取得，亦何相不忘乎！佛曰无住生心，而孔子曰："君子之于天下也，无适也，无莫也，义之与比。"又曰："我则异于是，无可无不可。"安得谓孔子之德、孔子之道，止于有漏已哉？儒虽不言转依，然曰克己复理天下归仁，曰拨乱反正，曰化民成俗，曰易俗移风。在在以向上为志，固绝对不同于顺世外道之纵性情、合污流者也。《中庸》曰："好学近乎智，力行近乎仁，知耻近乎勇。知斯三者，则知所以修身；知所以修身，则知所以治人；知所以治人，则知所以治天下国家矣。"儒者三德齐济，而念念众生，实是菩萨悲智双运精进无息之行也。至善之止，其以此乎？吾之欲以佛法法相唯识之教理，以修正补充儒者天命性道身心内圣之学者，略如此。

2. 国计民生之学之抉择与重建

所谓以西洋民治科学以补充儒者为政利民外王之学者：

详夫西洋文化发源于希腊，希腊有市府国家之民主共和政制，与自然科学哲学与文艺，及罗马以武力统一地中海四围国家而成一大帝国，于是废民主为专制。继感纯武力之不足以统摄人心也，于是定天主教为国教，而教皇势力乃驾君权而上之。在此帝王专制与宗教专制之两重势力下，演成中世纪之黑暗时代。迨文艺复兴，科学渐次发展，工业渐次进步。英法革命，美国独立，而民主政治日兴。迄于今日，西洋文明已席卷全世；生于今日，非西洋文化几无以立国矣。我国甲午而后，西化东来，戊戌变政，学校渐兴，迄辛亥革命而帝政废，科学思想与民主政治数十年来已代吾固有之学说政体而支配我国家民族，既为已成之事实，又何需吾人重为倡导乎？虽然，自来言科学与民治者，对吾国旧有之文化，乃以一种侵略或革命之姿态出之。其对旧有之文化，即其学说思想与立国精神，多无深切之认识，只鄙夷其不足轻重，或仇视以为障碍。中国人之吸收西化，则但为文化之投降，亦不得其真谛之所在也。即以是故，吾人之于西化也，但有形式之模仿，得其糟粕，而不能消化其精华。不得其利，而反受其害。故吾人今日对民主与科学，犹有重新抉择而如理融化之需要焉。

（1）论民主

①民主政治之意义与利益。何为民主？国家主权归之全体人民曰民主。此有对内对外两方面，对外则非他国之殖民地，主权

不属于他国，对内则无专制之君主及无独揽政权之特殊阶级。既无专制之君主，故国家之主权不属于君主；既无独揽政权之特殊阶级，故国家之主权不属于国内之少数阶级。既两无所属，则此国家之主权即属于全体人民也。殖民地附庸国必非民主，以其国尚不能自主，即无主权故。设国虽独立，而主权在一人或少数人，亦非民主，以民不自有主权故。在非民主的国家，其国之民纯为被治者，而非治者。故其人民对被治者即为奴仆，或准奴仆，以此主奴异位之国体下，人民对国家之治乱安危不负正式直接之责任，只处于从旁赞助之地位，其才虽可用、计虽可从，而用之从之与否唯听命于主权者。又在此非民主国体内，人民之身份非独立的，非自由的，而生杀与夺之权乃操之于治者。

以此两种原因，故在非民主的国家，如果遇英明神武之主，知人善任，则亦可以选拔国家之贤才而任用之，言听计从，可以收富强治安之效。其效或速于民主之国，以事权统一，指使迅速故。又如遇仁厚和平之主，则亦可以收保民爱民乃至化民成俗之效，而得人民之拥护爱戴。然设遇昏庸之主、暴虐之君，则国之危亡、民之灾祸可以立而待。君位世袭，不选贤才，故人君之英明仁贤者少，而平庸者多，而治国者又非具英明之才仁贤之德不可。以平庸之才居高位当大权又最易堕落而为昏乱贪暴，此君主之国所以难得长治久安，治日少而乱日多，盖为势之所必至也。

若夫民主国家则不然，主权既在民，故凡被治者同时即为治者。国家之治乱存亡由全民自负责而自主之。凡才能出众德量过人者，均得自奋自致其德能，以贡献于国家而领袖群众。既无特殊阶级足以把持高位而阻遏贤才，人民复得自选择其所爱戴者而畀之以大权与高位，是以凡贤与才皆得效其用，而庸愚暴乱者不能与贤智争必见弃于群众也。如此则贤才常得为国之政、救国之危乱而谋国之治安，继继承承，焉有乱亡之祸欤？又一国之内，无阶级、无主奴，人人身份平等，皆独立者，皆自由者，谁能以意为生杀与夺欤？故不待人之保育救护而自免于残虐永无侵陵之者，此民主国家必致之效也。

又君主国家，其主权既操于君主，故遇庸昏暴乱之主，虽绝不可以执政，然无正当之法足以易其位而改其政，到万不能忍之时，只有叛乱革命而已。在统治者方面，目此为叛乱；在反抗者方面，则目此为革命。又失败则为叛乱，成功则为革命。每平一次叛乱则必杀戮无数之人民，每遇一次革命则朝代改易，旧日皇家必有亡国杀身、丧家灭族之祸。双方受害，祸乱每至于数十百年，诚国家之不幸也。若夫民主国家则异此。执政者但有暂时行政之权，而非终身世及之权，其得此权也，又得之于民与，由是其行政苟不当于人心，人民即可依法律习惯另选贤才以代之，而不得把持专政。贤才而欲握国家之政权者，亦不为叛乱与革命之行。但须争取选民，即得依法以得政权。故双方均无杀人流血、亡家灭族之祸，而全国得保治平安定之局，其利益不可以数计也。

又专制之国，执政之人既终身且世袭，其为政也易偏于保守而至于腐败，不能顺应时机，因变制宜，以革新其政令。每因腐败以至于乱亡。不但世袭难得贤能之人，即贤能之人亦因久而荒怠。此如唐明皇开元之治何其盛，及天宝而败乱不可收拾。后唐之李后主及清之乾隆帝亦如是也。况夫继文武成康即有穆厉幽平之君乎？若夫民主国家，政权既不专在一家与一人，贤才皆得随时升进，故使人才时时交易，不但新者常兴，亦使旧者不腐。故执政之人，常保新兴振发之气，而有战兢惕厉之心。其政令自能顺应时机，随宜变革，而常在进步向上之过程中，焉有顽固纷乱而祸民病国者乎？

我国立国数千年，然终不得长治久安之效者无他，以未得发现民主之制也。故儒者虽有悲天悯人之怀，仁民爱国之愿，然所以施其志愿者每处于被动，而莫能自主。孔孟大圣，栖皇终身，民莫能被其泽也。使在民主国家岂如是乎？虽文武之道布在方策，而人存政举，人亡政息。自春秋而战国而秦汉，历魏晋六朝唐宋以迄于今，一治一乱，乱日多而治日少，使早得民主之制，岂至于斯乎？故欲中兴儒学以完成其治平之愿，非力行西方民主之制不可。

②民主政治之精神。或谓民主之制有利亦有其弊，世界各国有行民主之制而治者，亦有行之而乱者，君主之制虽多流弊，亦有行之而治者。前者如我国现代之民主，后者如今之英国。英国为君主而我为民主，究之孰治孰乱乎？然则君主民主之优劣，其未可遂定乎？

曰：所谓君主民主之分者，非徒以其形式也，有其精神存焉。其精神何在？曰：在守法。曰：在容人。苟能守法而容人，则虽形式为君主，不妨其实质为民主。如非其然，则虽名为民主，而实非民主也。且如英国，诚有君主也，然其君不能干政，行政之权全在内阁，内阁之所是英王必是之，内阁之所非英王必非之。而内阁之人选出自议会，议会之人选出自人民。英王不过顺从民意、顺从国会而加之以委任耳。内阁名为王之仆，而实为英民之仆。英之君守法而已耳，自无意志去取之权焉。故曰人君不能为恶。何以不能为恶？法限之也。人君既事必守法而不敢于法外有所为，故其执政者、在野者，亦各各守法而不敢于法外有所为。而一切用人行政均取决于民意，而君为虚君。如此精神，非民主而何？若夫执政者自不守法，又无法以限其权，一切唯其之所欲而行焉，如此非暴君，即暴民耳。故君主民主均有独裁、立宪之异，唯视其有法无法以为行政之准则耳。立宪之君主国家，远优于无法之民主国家，以一名为君主而实则民主，一则名为民主而实则专制也。是故守法之精神为民主精神也。

何谓容人？如在英国，恒有最大之两党，一者在朝，一者在野。在朝党称为王之仆，在野党则称为王之反对党。此之两党，互相对峙，即互相反对，然而即互相容忍。在朝党绝不以威力压服在野党，在野党亦绝不以武力推翻在朝党，政见尽管互异，假装互相攻击，而被攻击者绝不干犯攻击者之言论自由与行动自由。攻击人者亦唯以理相争，绝不为非法之举。其反对者苟得大多数民意之支持，被反对者即飘然下野，而将政权拱手让之反对党。被反对者苟得大多数民意之支持，反对党即不复更事反对，而听被反对党之仍执政权。此之谓容人也。或谓既相容矣，何复相争？曰所谓容者，乃正于意见不同党派不同时而见其能相容。苟其一味从同，无意见之争，则何所用其相容乎？此种相异相争而相容之度量，实为民主精神之所寄。盖民主国家主权在民，所谓在民者，在全体之民，非在某一人某一党某一派也。即在全体之人，而不在某一人，则某一人者即不得滥施用其权力而当服从全体。我在全体之中，异我者当服从我；异我者在全体之中，我即当服从异我者。我在全体之中，故我当发抒我之政见思想；异我者亦在全体之中，故亦当发抒其政见思想。彼此平等，故各各独立；各各独立，即彼此并存。谁能侵犯谁之自由乎？是故民主精神乃贵在各各不同之政见思想皆得流行并立，而使之互争得失，互争得失而又互相容忍焉，而最后取决于多数之第三者。

以理相胜而不以力，受裁判于众人甘心服从而无异动焉，斯乃真合于民主国家之人人皆为治者又皆为被治者之定义。就国度言，则为严守纪律；就民德言，则为容人之量也。各抒其思想言论以绳纠对方以谋国事也，可谓忠；容纳异己而服从多数也，可谓公。人人皆公忠以谋国，此所以在平时能互相切劘以防腐烂，在危难之际能和衷共济以逾越险阻艰难也。若英若美皆遵此道以昌大其国运者，同为世界之民主国家，不以拥有虚君便非民主也。

若夫中国之危乱，则非以民主而危乱，乃正为民主未达于成功之现象也。所以者何？自辛亥光复，始将国家主权自满清夺回。而袁氏称帝，复又集权于独夫。袁氏推翻，而中央政权解组，于是各省各市各县军阀专政，又移国权于少数之军人。北伐成功，中央政权渐渐建立，而又祸起于党争，在野党以武力谋革命、夺政权，在朝党亦以武力平内乱、维治安。在朝在野任力而不以法，相争而不相容，其去民治远矣！又况敌国外患猛虎豺狼纵横上国，全国人心一志于应付抗战，而内政无暇整理，用兵之际政权贵专，而民治益不暇及。及抗战胜利，而党争又起。调和无效，而终之以武力决斗。中国之危乱岂民主之过哉？正民主未及成功之过也。然而此数十年中，在积极方面，对民主之建设虽谈不上，而在消极方面，则实收回沦陷于满族三百年之主权，革除数千年之帝制，抗御极强暴之倭寇，而免于再度沦亡。今而后吾知必无更有妄想夺我主权奴隶我民族者也。今而后吾知必无更有妄想帝制自为以复君主之制者。盖非但智者不肯为，仁者不忍为，处今世民主思潮之激荡，实无有敢以国家民族重蹈德意日之覆辙，而以身家性命作法王俄皇及希特勒、墨索里尼之牺牲者也。今者宪法既立，训政将终，宪政将始，在朝者果能公开政权容纳异己，在野者果能忠言直道不为乱谋，一本守法容人之精神以积极建立民主政治，内乱何难永绝，而国运岂难步入和平康乐之局哉！

③民主精神与儒学之契合。窃以为民主精神，乃正儒者之真精神也。颜渊问仁，孔子曰："克己复礼为仁。"仲弓问仁，子曰："出门如见大宾，使民如承大祭，己所不欲，勿施于人。"子贡问有一言而可以终身行之者乎？子曰："其恕乎，己所不欲，勿施于人。"孔子曰："能以礼让为国乎，何有？不能以礼让为国，如礼何？"孔子问志而哂仲由，曾点问夫子何哂由也。子曰："为国以礼，其言不让，是故哂之。"定公问一言而丧邦，有诸？孔子对曰："言不可以若是其几也。"人之言曰，予无乐乎为君，唯其言而莫予违也。如其善而莫之违也，不亦善乎？如不善而莫之违也，不几乎一言而丧邦乎？儒者立身待人之道曰克己复礼、曰忠

恕，其为政治国之曰礼让。礼与法通，皆所以节制个人之过度而非理的行为者也，故能复礼者自能守法。克己则更有尊崇对方尊崇公谊而自贬损牺牲之义焉。忠恕之道，人我平等，即以己之所欲恶推之于人，知其亦具此同情而不敢有损于人焉。其目的乃在为仁。仁也者，浑然与物同体，视人群之苦乐休戚皆同身受，而忘我无私，大公利物，以期举世之淑善平治者也，其胸怀度量尤为宏伟。至于以礼让为国，则公忠守法而容人之意尤为烁然。一言丧邦而曰唯其言而莫予违也，则其不敢自是自足，而容纳反对者之意见，舍己而从人，更为必至之义。如此则言论思想之自由，岂复有妄事干涉者？尧设谤木，舜设谏鼓，禹闻昌言则拜，皆为儒者所称美。厉王监谤，召穆公曰：防民之口甚于防川，川壅而溃，伤人必多。儒者则引为大戒。秦誓曰：若有一个臣断断兮无他技，其心休休焉，其如有容焉，人之有技若己有之。人之彦圣其心好之不啻若自其口出。《大学》引之以为为政者之表范。凡此皆与民主精神所谓守法奉公克己容人之义妙合无间者也。儒者既具如是之民主精神，故能造成中华民族和平温厚之民族性；国家虽未能长治久安，然在艰难危乱之中常能维系绵续其国运使无灭亡之祸，而国家民族历久远而益大，并世国家盖无如我立国之久远者也。即中国之政治法律，除君位世袭外，四民平等。官吏自考试而出，更无特殊之阶级。一切一切皆近于民主之制。亦何莫非儒家学说之效哉？然终以君主未推翻，亦未能如英国之取消君权使之徒拥虚位，以是真正之民主制度终未能立，而儒者之民主之精神无由尽其用。如徒有灵魂地无健全之躯体以资应用，则灵魂终莫由显发其能力也。

自辛亥革命，将数千年之君主制度推翻，实为空前未有之盛举。然旧制度虽推翻，而新制度未能迅速建立。至以精神论，则始之以革命之余风，人人怀铲除强暴之心而不自知其本身即流于强暴。此凡大革命之后常有之现象也。再误之以斗争之说，以为民主之行唯恃暴力足以达成之，于是所谓民主者，仅为攻击他人之工具，不为律身待人为政治国之正道。所谓守法容人克己礼让之风度一切无有。民主之精神全失，反笑先儒之学为迂腐，而以暴力求民主，是真缘木求鱼又伏后灾者也。故今后欲民主之实现，不但须建全民主之制度，尤当发扬培育民主之精神。儒者之责任实在于此。儒者以治国平天下为志业，何幸而生当民主之世，得以其最高尚和平仁恕礼让之心怀度量，尽量以自奋自致于国家民族以及全人类哉！是诚不可不自勉也。

（2）论科学

①科学精神。已言民主，更言科学。西洋人由反对政治上之专制而有民主，由反对思想上之盲从而有科学。科学之精神，在实事求是。每一思想一知识之成立，必理求可通，事求有据。理求可通，故必融贯众理而不背，故其思想知识有条理有系统而成一家之言，与零碎片段之知识臆想异。事求有据，故其所主张之理，必根据于事实而后言，言而又皆可以事实为复验。根据事实而后言，所以求信于己也，而一切臆想妄测成见私意息；言之而皆可复验以事实，所以求信于人也，而一切盲从附和之浮言诡说止。以如此理必其通、言必有据之精神以治学，何理之不可通？何

学之不可成乎？

②科学态度。乃如此以为学，其道甚难，其功甚苦，如无虚心与勇气之态度，则不能有成也。何谓虚心？曰，一说之成，一理之立，必敬慎详审以将之，而不敢苟且轻易以从事。敬慎详审而觉其有理有据可以言矣，然犹不敢自谓其为定理，必更反复实验以审其有无错误。如其有误，则前说即舍。如他人发现我之错误，即舍己从人。如是无成见、无私心，不得少以为足，不执非以为是，此之谓虚心也。何谓勇气？曰，理之得也不易，终不以不易而废其思也；事之成也甚难，终不以其甚难而止其行也。抱思之必达、行之必成之决心，一日十日一年十年乃至终身而不懈。则用力之久，在尽艰辛与失败而必有成也，此之谓勇气。此科学之态度也。

③科学方法。至其为之之道，则有科学方法。一者观察，境界当前，必详观博览以收集材料、搜求问题也。二者参较，分析而观其异，综合而观其同。历异境以观其变，察因果以会其通也。三者假说，由参较而得异同变通之象，则对所研究探求之事理可以假立定理矣。然此定理未敢遽信以为真，特假定其有是理耳，故名之曰假说。明其可以修正改变也。四者实验，就假想之理而实验之于事物，观其验否。如其不验，则推翻假说，可别立假说也。必试之而验，一验再验，乃至无所往而不验，然后假说成为真理，其学说成立，其思想确定，可以供人类信仰矣。

④科学之应用。既学成而信立，则可资以实用。于是由自然科学、纯理科学，可以产生实用科学。于是自实验室中所得之结

论，而应用之于人群社会，而物质文明大兴。由电学而有电灯、电报，由音学而有留音机、收音机，由光学而有摄影机，由力学而有飞机、汽车等，以及其他。此则科学之应用也。自科学发现真理，而人类征天役物之功用益显。自科学之得应用于征天役物，而科学之真理愈显其真。于是人类之知识愈真，而人类之能力益大，展转增胜以成今日赫弈灿烂之文明世界，此则西方人之伟大成绩，震古烁今，能不令全人类为之倾倒佩服也耶？

⑤儒学与科学之同异及中国无科学之故。吾读《中庸》："诚者，天之道也；诚之者，人之道也。诚者，不勉而中，不思而得，从容中道，圣人也。诚之者，择善而固执之者也。博学之，审问之，慎思之，明辨之，笃行之。有弗学，学之弗能弗措也；有弗问，问之弗知弗措也；有弗思，思之弗得弗措也；有弗辨，辨之弗明弗措也；有弗行，行之弗笃弗措也。人一能之己百之，人十能之己千之。果能此道矣，虽愚必明，虽柔必强。"吾深感先儒之为学甚有合于科学之态度与精神也。科学之态度，曰虚心，曰勤勇。科学之精神，曰实事求是，理必其通，事必其验。博学审问慎思明辨，此之谓虚心，而理必其通。终之以笃行，则事求有验也。弗能弗错、人一己百、人十己千，非所谓勤且勇乎？若夫愚而明、柔而强，则由求知而得智慧，因学问以长力能。此则为学之效用，实事求是，而理之不妄，事之可征者也。是非科学精神而何？

乃儒者之学所以终非科学、终不能发展科学者，则亦有故。科学之对象，始于自然界，而终于社会，乃及人心；始于纯理，而后及于应用。儒学则一贯以人伦道德为其学问之中心，而其用力不及于宇宙自然。其及于宇宙自然者，农田水利、水火金木土谷、六府三事，唯着眼于应用，而不究其原理。其涉及于宇宙原理者，则阴阳五行、生克气化，徒有玄想臆说耳。此所以文明发达五千年，而自然知识始终不长进，科学思想始终不能建立者也。自汉以后之儒者，于学问又等而下之。抱古圣贤之典籍而终身钻索之，兀兀终日，皓首穷经，训诂考据以为博，文章词赋以为华，所谓学者之工夫，读书而已耳，作文而已耳，除此读书作文外无他学问。间有笃学深思之士精研义理，然义理不能越出古圣人之经教；间有英华俊彦之士志安国家，然治世之道亦不能越出古圣王之典制。更不能独立创造，另启土宇，此则儒者之学所以迭传而日微，周公孔子之后不能更有周公孔子，孟子荀卿之后亦更无有孟子荀卿。诚足慨也！

查西洋学说界，在中世纪其锢蔽尤深。教皇以宗教神权震慑人心，学说机关专于教堂。于是教堂以外无学校，《圣经》以外无学说。于是产生经院学派、烦琐哲学。其思想之顽固浅陋，其信仰之迷谬专制，以视吾汉唐宋明，则且望尘而莫之及。亦何愈于吾之八股经生哉！乃锢蔽既极，极则必反。于是哥白尼、盖律雷、牛顿、达尔文之徒，乃抛弃经典，挥头转身以向天文、物理、生物各界求真理，自此自然界之神秘渐渐发现其真象，转手而为应用科学，于尊天崇神之世界，一变而为征天役物之世界。《易》曰：穷则变，变则通，通则久。西洋人可不谓善变而通之民族哉！夫唯其穷之极者，其变亦弥钜，于是昏迷黑暗之时代，一变而为光明璀璨之物质文明时代。

我无神权之压迫，我无宗教之专制，汉唐宋明之儒亦唯沉酣于人伦道德之典籍中，以度其和平安之美梦，而莫能独立创造耳。以是无所谓穷，亦无所谓变，亦无所谓通，则遂优游以度此二千余年之岁月，无足怪者。然而今非其时矣。自海运交通，五洲一家，西方近代文明齐来中国，于是五千年之文明上国，相形见绌。工商、技艺、器用、服饰事事不如，民生国防一无足恃，至此而欲不改弦更张，不可得也。于是科举废，学校开，昔之以读经作文为生涯，今乃不能不学科学矣。故科学之兴亦如民治，乃不待吾人今日之重为提倡，而已早为国人全盘接受矣。

⑥学科学者之弊及今后积极治学之方。虽然吾人之接受西洋科学也亦如民主，量有消极之力，未建积极之功。学其皮毛，得其糟粕，只知阅读习用他人已有之成绩，而未尝有新发现。亦正如昔人之阅读古人经籍，终不出其范围也，不但未尝有新发明，且步趋后尘而不能及。故有嘲近时学西学者为学洋八股，非为过也。昔年罗素来中国，梁任公致词曰：昔有仙人善点金术，点石成金与吕洞宾。吕不受金，曰，愿乞点金之术。盖得金有限，得其术则可应用不穷也。罗素先生为哲学家，今来中国，吾人亦愿以哲学方法相教，不愿止得哲学上之说理也。学科学者亦如之，应得治科学之方法及其态度与精神，然后能自创造、自发明，自作大科学家。牛顿、达尔文、爱因斯坦辈，皆自以科学实事求是之精神，虚心勤勇之态度，不徒以书本为对象，而直以大自然为对象，而以科学方法驭之，自能发现真理而供应用。此则唯视人之胸量与志气，诚难期望于一般人者也。

⑦科学家之德操。又西方大科学家类有恬静之性、淡泊之行，内无嗜欲之累，外无权位势利之求，以研究学说为其毕生之事业，亦即以是为生活。唯其有超越功利之心，乃能平心静气默察洞见宇宙之真理而收其实用。唯能终身其业，用志不纷，乃能神智独运，烛照幽隐。此其所以能发现自然之宝藏者也。昔年吾友张鼎铭与吾函云：希腊有数学家某（今忘其名），困居围城，治学不倦。敌兵破城，入其宅，彼正凝神酣醉于几何圆圈点线之中。敌兵卤莽毁捣其室，彼不见也。但据其图曰："莫毁坏了我的圆圈！莫毁坏了我的圈……"其憨痴如此。终乃能其所学利物制器，为其城国作攻守之具焉。又尝闻之，亚里士多德之门，必教人以几何，一日一学生问曰："学几何有何用？"氏呼门人取铜币与之，曰："彼志在图利也。"故吾尝谓科学所以启发人之睿智者也，然非憨痴之人不能获之。科学本为征天厚生之用也，而非超乎功利主义者莫能致之。然后知果欲作大科学家，亦与学圣贤之道无二致。超富贵，淡功名，寡嗜欲，忘利害，必能舍人之所不能舍，而后能为人之所不能为。所不同者，圣贤以道德为目的，其对象在善；科学以学理为目的，其对象在真。如是而已。乃我国人之治科学者，徒抄袭人之成绩，而不知接受其方法态度与精神，又不以为终身之业，小有所知，虚名遂噪，作官营利，为其常途。更难望其栖迟衡门，作幽人于空谷，以静观默体宇宙之玄秘也。或曰：此社会不安定、政局不安定之所致，国家政府所以待遇维护学者之不周之所致。是亦然也，然如此仅能对于中材之不成就者作如是观。若夫大科学家如盖律雷等，虽在教皇逼迫

利诱威胁之下，束缚其自由，桎梏其身体，彼犹屹立岿然，孳孳不懈其研究与实验以成功其发现也。今之国家社会虽不安定，然固未尝不提奖科学，更未尝迫害科学家也，然而终无伟大之科学家有新发现以问世者，何哉？此治科学者宁可不百尺竿头猛进一步也乎！

⑧对谬执科学者之修正。抑吾更感觉吾国人之治科学者，虽实得无几，而虚矜则已甚。每以过甚之词，夸大科学之威力，而其所夸耀者又每为西方科学界未臻究竟，或所不承认之义也。且如唯物主义者，乃 18 世纪法国学者对于科学之误解。迄于今日物理学进步，对物质分析，已见宇宙间并无物质，仅有用波动方程式代表的阳电子与旋转的阴电子的繁复统系。由相对论的观察，已将运动于空间、存在于时间之某些东西，变成仅仅一些互相关系之事情的统系。而科学家共认科学世界只是现象世界，为人类官觉及心所发现，并受其限制，不定是真实的世界矣。……又科学者，本有极虚心而不敢自满自是之风度，从不敢谓其所得为已尽天下之真理。牛顿之言曰：予所发现之真理，如手中之蚌壳，宇宙间之真理则如海滨之蚌壳。故严正之科学家只谓其得科学界中一部分之真理，其真理且在可修正可改变之过程中，不谓其已尽科学界之真理，不谓其已得不可修正不可改变之真理，更不敢谓自科学外宇宙间更别无真理也。乃我国近时之侈谈科学者好为一切武断之论，执科学万能之说，以为自科学外别无真理，于是凡与科学异趣者，若人伦道德，若宗教信仰，皆以为非科学而排斥之。于是科学遂为攻击一切之具，而不知其态度思想之根本

与科学反也。且如宗教者，似与科学最不相容者也。科学之兴本自宗教解放而来。宜有科学即不应有宗教，治科学者之必反对宗教也。然美国原子弹既降伏日本结束世界二次大战之后，英美各强国咸对上帝作谢恩典礼，而不向原子弹之发明人制造人作谢恩典礼。更闻发明制造原子弹之科学家，有走向教堂作忏悔者。是则何哉？岂西洋人尽皆迷信，其科学思想反在我国人之下哉？或曰：此不过一般庸俗者之所为，非真正之科学家所为也。然如丹丕尔惠商教授者，近日英国之物理学家也，其所作《科学史及其与哲学宗教的关系》中对于宗教之言曰：

> 科学必须承认宗教经验在心理方面的真确性，有些人对于帝神感的与直接的了解，正与他们对于人格的自觉或外界的认识同样真实。就是这个与神交通的感觉及其所感召的敬畏与崇拜，就形成了宗教。……我们无须而实际也不能明定上帝的意义为何，凡认识上帝的人也用不着要定义。
>
> 低微的人道须要的幻像以装饰其意象，创设教仪，承认教义，神学或甚神话。这些系统可真可假，但是宗教本身并不因任何教义而存废。教仪暴露于历史的哲学的或科学的批评之下而遭遇打击，然而真正的宗教为一更深奥的东西——奠立于直接经验而不可动摇的磐石之上。

又曰：

> 我们对于自然界所拟的模型异常成功，致使我们有

更高的信念，相信真实乃为与此模型类似的东西。但是模型依旧是个模型，是个只可为适合我们的心灵而切成片面与以试验的模型。以机械观点看人，人自然是个机器。但若以精神观点看人，则人犹不失为一个理性的心灵，与一个活着的灵魂。科学若认清其真正的意义，将不再试以定律的羁绊束缚人的精神，而听其自由接近其灵魂所愿接近的神圣。（引自任鸿隽、李珩、吴学用合译之《科学与科学思想发展史》第十章“科学的哲学及其展望”）

吾之引述此文，非谓上帝之确有，亦不谓吾人当信从耶稣教，但以证明真正之科学家并不抹煞人类自科学以外的一切思想与信仰，并以证明真正之科学家其对于科学之评价并不夸张以为即获真理。由是可知：世界学说、宇宙真理是多元的。纵然在教义上与科学大相刺谬之耶稣教，尚有其存在与有其最高而且为科学家视为神圣之价值。如是设有比耶教更极高明而道中庸、致广大而精微之儒家学说，其应为重视与尊崇尚何如乎？以是吾人在科学的立场不应排拒儒学乃至佛学，而在儒学的立场亦应尽量接受科学。必如是治科学者乃能不为定律的羁绊束缚其精神，而自由接近于神圣。治儒学者乃得发现自然界之秘密，而利用之以致征天役物利用厚生之效也。

民主政治行，则可以息除国内之人祸。科学昌明，工艺发达，则可以发展生产，而防御天灾。人祸天灾既去，则国有长治久安之利，民有丰富优裕之生。而后儒者受民治国之怀抱达，而儒者二千年来对治平之道之遗憾除。在后儒家之学说思想可谓圆满无缺，而儒学乃以重兴矣。

（二）儒学对人类之再造

1. 对佛学精神上之修正

或谓：儒者之学，内则身心性命，外则国计民生，今身心性命之学既取正于佛法，治国利民之道又求救于西人，然则复何用汝儒学为？曰：是又不然。详佛法之陈义虽高，然太高则远于人事，其流弊则为声闻独觉小乘之厌世而自私。怖畏生死，躯著寂灭，更无大悲愿力以普度众生，其去菩萨道远矣！观身不净，观心无常，厌性命之业识迁流，而生死之为大苦，彼何为而不亟求解脱哉？遁迹山林，不问人世之治乱，以为可以速尽苦恼。然使世乱而不治，民困而难生，则将亦无可住之山林，可修之定慧，此印度佛法之所以随其国土之纷崩乱离、异族入主、外道压迫而速趋衰亡者也。又其下者，为生计之艰难，护持之无力，于是学佛者乃邪命为食，诡随世间，貌犹佛法，神则尽亡，堕落腐败，乃求如世间贤良贞固之士而不多得。此则印度佛教最后时期之现象，而我国今日之僧界亦有同样之情况也。

当此人类大难之世，国家绝续之交，信当以儒者入世之精神，行菩萨普度有情之愿力。身心性命之学，必实施之于家国社会以见其效；而人伦日用之际，乃为遵行善道积集福德智慧资粮之地也。否则高谈性命，无补于国，无利于人，世亦恶贵有身心性命之学哉？故儒者之学佛非同声闻独觉之厌世寂灭也。仍将以儒者悲天济世之精神，民胞物与之怀抱，积极精进，自强不息，以拨乱反正，使天下之人无一不得其所，家齐国治而天下平焉，则是以佛学而行儒道者也。儒既日趋于高明，佛亦日切于人事，则儒者之仪型矩获仍自若也。岂因一治佛学而遂无儒哉？实则正以儒道之行，而佛学始证诸实际也。

2. 对科学民治之驾驭

（1）西洋文化之危机

若夫民主与科学尤当以儒者之精神行之，始不为权利之争，不作杀人之具。盖西洋人尝得民主之利矣，然而暴民之争夺政权以遂其私利也，又何尝不假民主以行之？南美墨西哥之革命数十年而无宁息无论矣，即如希特勒、墨索里尼之夺取德意政权，又何尝不假民意与选举以遂其目的哉？于是民主乃为罪恶之源，亦正如罗兰夫人之言曰：“自由自由，天下之许多罪恶皆假汝之名以行也。”而我国今日之倡民主争民主，人民被其牺牲流血以死亡者，其成效又有可观者焉。西洋人当得科学之利矣，然而资本家得之，则以为兼并剥削之资，而造成有产无产不同之阶级。而社会之斗争暴乱以起，至于今纷纭扰攘，未有止息也。侵略国野心家利用之，则以制造军火而杀人利器日新月异，惨杀横烧为祸以无穷，则世界之所以有一次二次之大战者也。而二次大战之祸犹烈于一次大战。乃一次大战之后，世界尚有二十年之和平，今二次大战之后和平更为渺茫。美苏两国各积极备战，美以海空军胜，苏则以陆军胜，闻其现时动员军队可得九千万人。而两国每年军费之预算，美国为一百一十万万，苏俄则一百八十万万也。如此骇人听闻之军备，果作何用？来日大难咄咄逼人，人类将有覆灭之忧，世界将有陆沉之惧，而科学工艺物质文明亦将随之以同归于尽焉。科学徒有供人利用之功，竟无自主自用之力如此乎？然则支配世界最根本最伟大之力量乃犹不在民主与科学，而在驾驭行使此民主制度与科学工艺者。使驾驭行使民主科学者而善，则收国家治安民生福利之功；使驾驭行使之者而不善，则亦有亡国乱邦倾覆人类之祸也。

（2）西洋文化对人生之观念与态度

①生物进化论。详考西洋人之精神生活，即其对人生之目的与夫作人立国之道，所以驾驭发展其民主与科学者，一则为功利主义，二为斗争思想。功利主义者，其人生之目的；斗争思想者，达成其目的之方法也。融会此二者，则为个人主义、国家主义、资本主义、共产主义也。而最为此目的此方法及诸主义之学说根据者，厥为生存竞争生物进化之说。其为说也，以为古代生物其数无量，每一生物孳乳繁多，苟一切并生各尽其繁殖之力，则不到百年世界将充满生物至无隙地，乃至不能容受而皆无法生存。然而其不至于如此者，则生存竞争、天演淘汰之故也。盖种与种间，类与类间，有强有弱，有优有劣，并生至不能相容，则必起斗争也。由斗争则有胜败，有胜败则有存灭，于是弱者之肉，强者之食也。食之尽而其种类因而绝灭焉，其存者则竞争而胜利者也。种与种、类与类间如是，一种一类之中，生存竞争之象亦如之。故一草木禾稼之种甚多，而得遂其发育生长者有限也；一鱼

介昆虫之卵甚多，而得遂其孵化生长者有限也。上至禽兽以及人类，一父母之所生，其子女有育不育、成不成者，亦皆生存竞争优胜劣败之故也。然而世间竟有劣种传于后世，优种沦于绝灭者，何哉？则又有天演淘汰适者生存之说以补充之。盖其种虽优，而不适于其地与时，则虽优而不能生存，因而消灭；其种虽劣，而与彼之地与时相适应，则亦得保存其种类也。由是异地之生物迁于异地而得生存者，必自变易其形体与行动，以求适宜于生存。其不能变易以求适应者，则必绝灭也。此之谓天演淘汰适者生存之说。合生存竞争、优胜劣败、弱肉强食之义，即为生物进化论之公例定律也。在达尔文辈亦承认合群互助之性为动物所固有，然其合群与互助，皆为达其生存竞争之方法耳。如鹿如狼，如蜂如蚁，皆为合群互助以求竞胜于生存者也。其说之所以名进化论者，盖谓生物为争生存，乃发展变易其形体行动与心能以求适应而免乎淘汰。是故其历竞争长远之历史而固存者，皆其种既优而又体力心能之进化者也；其亡者，则皆其种劣而又不能发展变易其体力心能，不能进化者也。为竞生存，不能不进化。由生存之竞争，乃使劣种淘汰而优种独存。

如是而生物益以进化焉。如是而得生物进化之原理焉：一者生物与生物互相敌对，恒在竞争之中；二者由竞争而有胜败，由胜败而有存亡，弱者之肉强者之食；三者进化为生存竞争之方法，亦为生存竞争之结果；四者生物之一切行动所以竞争，其目的唯在求生存。再简言之：一、一切生物之目的唯在求生存；二、生存之方法唯在斗争；三、由生存竞争生物乃有进化。此说自达尔文倡之，举世之学者和之。其应用于人生哲学者，则便为个人主义、国家主义、资本主义、共产主义也。盖生物既如是，人类亦然也。人与人间，民族与民族间，国家与国家间，阶级与阶级间，何莫而非生存竞争之现象乎？何莫而非弱肉强食之现象乎？是故欲求自我之生存，不可不消灭他人之生存。为欲战胜他人，不可不自求进步。力求其强，智求其广，才能求其众多，计虑求其深远。而在民族与民族间，国家与国家间，阶级与阶级间，其斗争也尤为剧烈。是故于智力才能计谋之发展外，尤必加之以政治之组织，品德之训练。服务奉公、勇敢牺牲之精神尤为万不可少之事。然而一切一切，则皆为与敌人斗争者也。故虽有文化、教育、科学、政治、道德等之进化，其进化皆仅为生存竞争之工具而已。工具愈利，则其斗争也尤酷。以西洋人之人生观与民族精神作人态度以驾驭其政治能力、科学发明，焉得而不使世界一次二次大战转趋于剧烈，而未来之祸其焉有底止乎？

②对生物进化论之批评。或谓生物进化论果当乎？否乎？曰：在西方和之者虽多，斥之者亦不少也。克鲁泡特金有互助论，谓生物之生存与进步由于互助，不由斗争。新生机主义者谓达尔文之学说为积叠说，而非进化论。盖生存进化必赖有内力之向前发展，而不恃不为自然之所淘汰也。譬如园中之树，其枝叶之被剪伐者，诚由于园丁之力。若夫其枝叶之扶苏、花果之美盛，岂可曰其原因仅由于不被园丁之剪伐哉？以上二家之事例理论至多，弗能縻引。吾则就生物界而观，觉最喜斗争之生物不必为善于生存之生物，弱者之肉竟可为强者之食，而强者之生存不

必遂优于弱者也。猫食鼠者也，然家中之鼠必多于猫；虎食羊者也，然山中之羊必多于虎。设有甲种生物必待乙种生物以为食者，乙种生物若灭亡，则甲种生物必随之以灭亡。何以故？以恃彼而生故。而甲种生物虽灭亡，乙种生物绝不因之而灭亡，原不恃彼生，今更无其害故。故食他之物绝无绝灭所食之物之理，否则等于自杀也。然食他之物，其需要多，其得食难，其性凶暴，其敌众多，故生育既不能繁，生存尤不容易，而绝灭之机会转多。被食之物，其需要少，其得食易，其性柔弱，其敌对较少，故生育繁、生存易，而绝亡之机会转少。故食他之物欲消灭被食之物为不可能也。是故生物界中下等动物至今犹存，而凶猛巨大之物如恐龙等，今竟绝灭，狼虎狮豹之属，亦所存无几也。而好战之民族，侵略之国家，每每其兴也勃焉，其亡也忽焉。在中国所遇之强敌，如蛮夷戎狄，如五胡，如突厥，如回纥，如辽、金、元、清，今皆灭亡，或被我同化。在西方则如古之巴比伦、亚述、波斯、马其顿、罗马、迦太基，今之土耳其、西班牙、德意志等，皆不得久存久强，不亡则衰。亦正与动物中食肉猛兽等无异。然后知生存不赖竞争，而善斗争者并不善生存矣。

又合群之性、互助之行，此诚种族生存继续之因，然非遂为斗争之手段。此如动物之生育幼儿，自出于其亲子间慈爱之性，即此便为其目的，岂因为欲打败异类乃生育子女哉？故生物之生存也，既不恃战胜对方，而此物之生存亦并不遂为他物之威胁。善观生物者，既见其自身有生活之能，充沛流行而不能自已。又见生物与生物间，原是相生互助而无孤立独存者也。生物如是，人类亦然。其民族其国家苟无生息长养发展强大之内在因力，则即绝无长久生存之道。好乱乐祸以侵略人为务者，树敌招侮，其取败亡尤速也。政治、教育、道德、科学等苟不用之以增进人类之福利，而自私的以为斗争之具，其损人愈重者，其自损尤酷。今之德、日、意是也。

③生物竞争不足为人生之典则。然生存竞争弱肉强食之现象在动物中及在人类中，吾人亦并不完全否认。然于此吾人尤当评判其价值，只见残酷而未见其优美，更不以为进化之因素。又此乃禽兽生物之性，而不得谓为人性。在人类中亦为人类下愚劣之性，而不得谓为良善之性也。人类为生物之进化者，其生存之方法，自渔猎而畜牧而农业而工业，展转进化，已从依生物为生者逐步走入恃自力为生，从竞争的生活走入自足自济的生活。时至今日，人类固益当弃舍兽性而提高人性，焉有下法凶猛禽兽毒虫等之以残食异类者，夸之以为进化，而更自戕杀其同类（人与人为同类）哉？然而西方人之人生观自个人主义至国家主义，自资本主义至共产主义，莫不祖述生物进化之说，以生存为唯一之目的，故急功利而轻德义。以打倒对方为遂我生存唯一之手段，故严人我之界，而嗜斗争。此种思想，此种人生观，此种作人态度，此种立国精神，若不加以根本而迅速的改变，人类大祸绝无救济止息之日也。然则其道奈何？曰：重兴儒学而已矣。

3. 儒学之真义与精神

何谓儒学？儒学之内容，虽难尽述，然就其与西方现代人生思想根本不同者厥有二义：即重德义而轻功利，尚仁亲而泯人我是也。

（1）重德义而轻功利

何云乎儒学重德义而轻功利耶？此于先圣先贤之遗教而知之矣。孔子曰："君子喻于义，小人喻于利。"又曰："志于道，据于德，依于仁，游于艺。"又曰："放于利而行多怨。"南宫适问曰："羿善射、奡汤舟，俱不得其死然；禹稷躬稼而有天下。"夫子不答，南宫适出。子曰："君子哉若人！尚德哉若人！"孟子之答梁惠王也，曰："亦有仁义而已矣，何必曰利！"又曰："鸡鸣而起孳孳为善者，舜之徒也；鸡鸣而起孳孳为利者，跖之徒也。"而董仲舒则曰："君子正其谊不谋其处，明其道不计其功。"宋明儒者对此义益张大之，于义利之辨之外，更益之以理欲之分、人禽之界。其意以为人生之价值，在德义之完成，而不在功利之求取。故人生之目的，即在实践道义，以完成德性，顺理而行，使人性提高，人格伟大。如此者则便为君子，进可以至于神圣。设其不然，唯以富贵功名财利权势为目的，苟其可以得富贵权势者，不择手段而无所不为，礼义可以不遵，廉耻可以不立，从欲而行，人格日卑，人性渐失，即其去禽兽为不远矣。孟子曰："人之异于禽兽者几希，庶民去之，君子存之。"是故义利之分，即人禽之所由判矣。西洋之人生，夷人禽之界，而以生物生存之道奉之以为人道，则唯以吃饭穿衣、求财富、合男女，唯乐利之是图，唯生存之是务，如是而已矣。古之儒者则必严人禽之界，以为绝对不可逾越。否则虽名为人，而实与禽兽无异，其生活为退化，为堕落，为暴乱，为纷争，为无理性，为不明智。故奉德义为人生最高目的，而功利财货权势等均为所轻，以为必如此乃成为人生也。或谓人生不能一日而离物质之生养，社会不能一日而离经济之措施，故利乃人人所共求，求利而不违理即是义，故义必有利于人者也。利施众人即为功，功即德也。既义利功德之合一而不相违，何为夫重此而轻彼耶？曰：德义多能招致功利，然求功利者不尽合乎德义也。此如小人恶人之损害他人以图利、娼嫉他人以居功者是也。又真正之功利必出乎德义，然躬行德义者绝不能计较功利。如计较功利，则义利不能两全时，即无固定之宗旨、果决之勇气，必至于亏损德义之行、谦让之节矣。故既以德义为宗旨，则必有轻功利之素养也。真能轻功利而重德义者，有自得之乐，有坚贞之节，有成仁取义不忧不惧之行。

德行道义既纯粹完成，亦能反御智勇发展物质之生养，使天下人类皆被其利而成利济人群之功。子贡问曰："贫而无谄，富而无骄，何如？"子曰："可也。未若贫而乐，富而好礼者也。"贫无谄，人格尊严，不因贫而贬节也；富无骄，智量宽大，不因富而傲物也。是其人已能重德义而轻货利矣。然犹不若贫而乐，以其有自得之乐，非强持其志者。富而好礼，有乐善之功，非仅能自守者也。孔子又曰："饭疏食饮水，曲肱而枕之，乐亦在其中矣。不义而富且贵，于我如浮云。"又曰："贤哉，回也！一箪食，一瓢饭，在陋巷。人不堪其忧，回也不改其乐。贤哉，回也！"孟子谓宋勾践曰："子好游乎？吾语子游。人知之亦嚣嚣，人不知亦嚣嚣。"曰："何如斯可以嚣嚣矣？"曰："尊德乐义，则可以嚣嚣矣。故士穷不失义，达不离道。穷不失义，故士得己焉；达不离道，故民不失望焉。古之人，得志泽加于民，不得志修身见于世。穷则独善其身，达则兼善天下。”而《中庸》则曰：“君子素其位而行，不愿乎其外。素富贵，行乎富贵；素贫贱，行乎贫贱；素患难，行乎患难；素夷狄，行乎夷狄，君子无入而不自得焉。”凡此皆言德义纯粹者视富贵贫贱为身外物，无损益于其身心，不随环境而转移也。故可以处富贵，可以处贫贱，可以处患难，可以处夷狄，斯之谓真自由，从情欲贪忧境界命运而得解脱者也。孟子又曰：“广土众民，君子欲之，所乐不存焉。中天下而立，定四海之民，君子乐之，所性不存焉。君子所性，虽大行不加焉，虽穷居不损焉，分定故也。君子所性，仁义礼智根于心。其生色也，睟然见于面，盎于背，施于四体，四体不言而喻。”此则言事业功名德泽之加于天下者，犹不为君子之所性也。故宋儒有尧舜事业同身外浮云之论。即此乃为人性发展之至高点，其心胸意志能包举转易宇宙万物，而宇宙万物不能包举转易其心者也。此之谓真自得也。真能自得者，处常，则身心俱乐，性命两全；处变，则坚贞果决，成仁取义。孔子曰：“志士仁人，有杀身以成仁，无求生以害仁。”孟子曰：“生我所欲也，义亦我所欲也，二者不可得兼，舍生而取义者也。”而文天祥、史可法之徒，处国亡家破颠沛流离之际，耿耿孤忠，百折不挠，正气塞乎天地，壮节照乎古今，身可杀而志不可夺，其人虽亡而其道常新，千载之下闻者莫不兴起。然后知精神之贵于物质，心灵之尊于生命，而道义之超乎功利矣。若夫当时之泰、遇命之通，则更能出其智勇，修其德义，兴民之处，除民之害，使天下之人安其居，乐其生，家给人足，而乐善兴仁，风移俗易，世界太平。儒者之学，又岂仅能隐遁自好，或空谈道义者哉？正唯其有超世之心胸德量，所以愈能有转世之魄力，志不役于功利，才其功弥大、其利无尽矣。禹、汤、文、武、周公、孔子是也。今更就儒者尚德轻利之精神举其要义如次：

①儒者对人生之价值，以德义高于功利。

②儒者对人生之宗旨，在提高人性，发展心灵。

③儒者对人生之正道，在立礼以为行为享用之准则。凡物质生活必皆使之合乎礼义而净化之使别于禽兽，而人群乃以相爱敬生养，而无争乱之祸。

④利与义、食与礼、精神物质、生命性灵在可以并存两全之际，则并存而两全之。贤贤亲亲，乐乐利利，使之并行而不相悖，并育而不相害。以物质养心灵，以心灵御物质，故身心交得，性命两济，而人我宇宙康乐祥和。

⑤如义利不能两全，生命志节不能兼顾，则君子有杀身以成仁，舍生而取义，临财不苟得，临难不苟免。精神道义，炳耀千古。

⑥儒者认为纵欲嗜利贪功避祸者，其结果不但亏德义、损人格，而其嗜利之行必人己交害，贪功之极必造罪无边，而纵欲者更难偿其慾，避祸者祸终不能免，小之必有杀身败家之祸，大之则有亡国乱世之患。故君子乐得为君子，小人枉自为小人。荀子曰：“一之于情性（谓纵其嗜欲），则两丧之矣；一之于礼义，则两得之矣。”故人生必有超功利之量者，始能得功利之效；必顺

义礼而行者，始无困穷之忧。故道德即是智慧，反道悖德者愚昧不肖之极者也。

⑦儒者之人生，对个人有自得之乐，对人群有相得相安之乐，此为人生之净化美化。同时自生物之生活转进于人的生活，更转进为贤人君子的生活，更进则为神圣的生活。故儒者之人生为最真实最进化之人生也。

⑧儒者之人生既重德义而轻功利，故其政治为德治礼治，而不尚法治，更不尚强权武力之统治也。孔子曰：“道之以政，齐之以刑，民免而无耻；道之以德，齐之以礼，有耻且格。”季康子患盗问于孔子，孔子曰：“苟子之不欲，虽赏之不窃。”季康子问政于孔子曰：“如杀无道以就有道，何如？”孔子对曰：“子为政焉用杀？子欲善而民善矣。君子之德风，小人之德草，草上之风必偃。”其对内也如此，其对外也则重王道而黜霸功。孟子曰：“以德服人者王，以力服人者霸。”“以力服人者，非心服也，力不瞻也；以德服人者，中心悦而诚服也，如七十子之服孔子也。”“天下不心服而王者，未之有也。”孟子荀子均谓孔子之门五尺之童羞称五霸。盖以智取以力争而胜人者，此禽兽之道，非人道也。儒者精神之第一义，略述如此。

（2）泯人我而重仁亲

何谓泯人我而重仁亲耶？人谓他人，我谓自我，自他对立，界域森严，如是则情意不能相通，而休戚不能相恤，误会易起，疑嫉易生，而争夺祸乱由是出矣。泯人我者，撤除自他之藩篱与界域，使情相通而意相燮，浑然以为一体焉。则误会不生，疑忌不起，而相争相夺相诈相虞互相贼害仇对之祸可以息矣。仁者，恻隐慈济之情；亲者，和合爱敬之谊。仁故视他人之苦乐休戚如同身受，故必有利安拔济之行；亲故视天下之人皆如伯叔兄弟诸姑姊妹，故必相爱相敬而不相遗弃矣。颜渊问仁，子曰："克己复礼为仁，一日克己复礼，天下归仁焉。"仲弓问仁，子曰："出门如见大宾，使民如承大祭。己所不欲，勿施于人。在家无怨，在邦无怨。"克己者，胜伏一己自利自私骄慢自是之心。复礼者，遵守人己共由之正道，相敬相让而不相陵侮也。克己乃可大公而容人，贬己而尊人。复礼始能去野蛮之习、禽兽之行，而受文德之化，遵圣道而行矣。天下归仁者，言己私既克，敬让既行，则人己之界域除，自他浑然如一体焉。视天下之苦乐休戚皆同身受，皆必生其恻隐悲济之心焉，如此则天下皆在吾仁慈心量之中矣。归也者，先时被排斥以去，今则还归而来也。"出门如见大宾，使民如承大祭"，礼敬郑重，不敢有轻慢之行也。"己所不欲，勿施于人"，忠恕之道，自他一等，待人如己也。"在家无怨，在邦无怨"，行有不得，皆反求诸己，自省自责而不怨怒他人，即克己而容人之功也。以如此而存心行事，更何有于不仁不智无礼无义之行哉？

仁者泯人我而与万物同体，其道至大，大则不免失之难为，故有亲亲之义以行之。圣人就人与人关系最亲切，情感最易生，自然易忘我处，而教之以亲亲。亲亲也者，亲其所亲也。谁为亲，莫如父母子女兄弟姊妹也，故教之以慈孝友悌之义焉。慈孝友悌者，所以亲其亲也。亲其亲者，以对方为目的，而以自身之心血劳力付与之，而不求报偿者也。故为父之道，止于慈；慈也者，以爱护子女为目的，生养教训，勤劳而不厌者也。为人子之道，止于孝；孝也者，以敬事父母为目的，服劳侍奉，竭力而不怠者也。慈父知有子而忘其身，孝子知有父而忘其身。双方皆以对方为重，而不以自我为重，故其人之生也，乃为对方而生，非为自我而生也。慈父孝子如是，友兄悌弟亦如是，义夫顺妇亦如是，推之至于朋友国人皆如是。《大学》曰："为人君止于仁，为人臣止于敬，为人子止于孝，为人父止于慈，与国人交止于信。"仁也敬也慈也孝也信也，皆以对方为目的者也。始于家庭，与于邦国，而终之于天下万物。孟子曰："亲亲而仁民，仁民而爱物。"又曰："老吾老以及人之老，幼吾幼以及人之幼，天下可运于掌。"又曰："人人亲其亲长其长而天下平。"此中国人之伦理道德也。伦理道德之精神为何？曰，贡献自我于对方是也。儒者觉得宇宙人类当为他人而生，不应为自我而生。为他人而生者，对人服劳尽力，用心思而竭忠诚也。则其人格为崇高，为伟大，其人为君子。为自我而生，行为动作但对自己求利益谋安乐也。则其人格为卑下，为狭小，其人为小人。天下之人皆为人而生，则家齐国治天下太平，而人皆得其福利。使天下之人皆为自我而生，则父子无恩，兄弟不睦，长幼无序，男女无真情，朋友无诚信，而家败国亡天下乱，人皆受其祸患焉。譬如我爱人，则人亦爱我矣；我敬人，则人亦敬我矣。我爱人而忘自我，赤心肝胆以相与，人爱我亦忘其自我，赤心肝胆以相与，则彼此互得利济，其利倍增，其乐倍多，乃至不可计数焉。我敬人卑以自牧，人敬我亦卑以自牧，互相尊而不相陵犯，则彼我俱得尊严而情意倍得和乐，身心倍得安宁矣。反是，相仇相害，相轻相陵，彼此皆欲自利，而两利以相害而互消，彼此皆欲自尊，而人格以相陵而俱受辱。纷纷扰扰忧苦悲哀随之，而人道失其尊严矣。是故人生之福利与尊严，存在对方，而不在自我。忘我而我愈伟大，尊人而我倍尊严，相互利济而人己交利，此乃因果必至之效，人群相处之正道也。如此的伦理精神所以必从亲亲起者。

盖木有本，水有源。自本源处长养训练之，则其情自然，其事易行，习之既久，因而成性，久之便可以施及人群社会家国天下，随其心量而充之。极至于圣人，则以天下为一家，中国为一人，浑然与物为一体，皆如父子兄弟之亲焉。则亲亲者，仁民爱物之根本也。故有子以孝弟为仁之本，而孟子则曰："人之所不学而能者，其良能也；所不虑而知者，其良知也。孩提之童，无不知爱其亲也；及其长也，无不知敬其兄也。亲亲，仁也；敬长，义也。无他，达之天下也。"盖孝亲敬长为人固有之性，顺此固有以及于所未及有，则势顺而易成，可以收一视同仁之效。苟对疏远之人而先强之以行仁爱之道，则情不真、力不逮，加之以劝赏，畏之以刑罚，人皆相率以为伪，而仁道亡矣。《大学》曰："物有本末，事有终始，知所先后，则近道矣。"又曰："其本乱而末治者否矣，其所厚者薄而其所薄者厚，未之有也。"是故儒者之学，以亲亲为本，而成其仁德之大，浑然泯人我之界，而与物同体焉。此儒者之学也。

（3）中西学者人生态度之不同

即于此而益见中西学者对作人对人之态度确然不同也。西人以自我之生存利乐为出发点，故严人己之辨，甚者乃以打倒他人为建立自我之方法；儒者以对方之生存利乐为出发点，故泯人己之界，甚者以牺牲自我而成全他人。即以是故，西洋有个人主义，有国家主义，有阶级主义，而中国皆无之。当民八九年间，西洋个人主义之思想盛流行于我国，国中之学者，苦于数千年礼教伦理之束缚，而以自由解放相号召，而曰中国人非人也，所以者何？在伦理思想之下，我非人，我只是父亲的儿子；我非人，我不过丈夫的妻子而已。吾以其言最能道出中国伦理的真象，惜其言之不尽，而又不能领悟其精神价值之所在耳。具足言之，当曰：在儒者伦理思想之下无个人。我非我，我不过父亲的儿子；我非我，我不过儿子的父亲；我非我，我不过丈夫的妻子；我非我，我不过妻子的丈夫。以是推之及于一切，不更足以表现说明伦理的真象乎？至伦理的精神乃全在教父以慈，教子以孝，教夫以义，教妇以顺，使之尊重对方而淡忘自我。岂谓奖励自我以消灭对方者哉？故在伦理思想中，绝无自我，如是而个人主义何由生哉？个人主义既无由生，则国家主义、阶级主义更何由起乎？推亲亲之义以仁民，则天下之人皆在其所当仁者矣。何有夫国家？何有夫阶级？诚有国家，则不应以国家而自私，更不应以打倒异国为建立自国之方法，唯当贡献其国之所有，竭尽其国之所能，以安天下，治理人类。故治国乃为平天下之始基，而不以富强己国为最终之目的。所谓平天下者，非侵略之谓，除其暴，安其善，使天下之民族国家各得其所而无侵陵之忧之谓耳。《中庸》曰："凡为天下国家有九经。"最后两经则曰柔远人、怀诸侯。送往迎来，嘉善而矜不能，所以柔远人也。继绝世，举废国，治乱持危，朝聘以时，厚往而薄来，所以怀诸侯也。岂如近时列强之侵略弱小、互争殖民地，以至于大战连年劫火烧天也哉？既无国家之仇视，亦无阶级之斗争。四民平等，无阶级也；礼让相处，无斗争也。苟私人与私人间地位有殊，主辅有异，贫富有别，则亦以相怜相恤、相救相助、忠信相交、仁恩相与为道。是故中国人国家意识既淡，阶级意识尤淡。若夫斗争一事，更直认为不道德之甚，必尽量排斥于意识中者也。夫然而在国家主义盛行、革命思想盛行之今世，国家乃不易建立，革命乃不易彻底。非谓其果能尽得伦理思想之利，乃其生活于此伦理思想之下者，一时使之尽弃其所有，而学其素所未有。于是旧日之好处尽失，而新有之坏处全得，思想信仰纷纭扰乱成不可收拾之象也。

（4）儒者伦理精神下之思想

儒者之伦理精神，既无个人主义，无国家主义，无阶级主义，然则何所有乎？曰：有家族主义，有天下主义，有四海之内皆兄弟也之朋友主义而已。

①家族主义。儒者以亲亲孝弟为为仁之本，是故重家庭。由家上推、下推、旁推，则有家族。家族组合即成一小社会，而此社会不以法律而成，纯以情理而成。即于此而行其亲亲之道，而事其生养互助之功，而中华民族五千年之文化历史即以此为基础而绵延发展。此之谓家族主义。

②四海皆兄弟主义。其表现于社会者，则为四海之内皆兄弟也之朋友主义。同姓为兄弟，异姓为朋友。兄弟以血族共同，朋友以志道合一。血族共同，则生养相关；志道合一，则德能互助，事业共成也。故朋友之重有时且超过兄弟。而师弟之谊，教导之恩，乃同于父子。人不能一日离群而生活，不能一日离社会而独存。人群社会之人，谁不与吾发生关系，皆有扶持互助之功焉，则天下之人皆朋友皆兄弟也。海内存知己，天涯作比邻，故四海之内皆兄弟也。既四海之内皆兄弟，即皆有亲亲之谊焉。则老吾老以及人之老，幼吾幼以及人之幼。推亲亲之谊，天下焉得有对立敌视之人群之团体之阶级乎？此就社会之组织而立说者也。

③宇宙伦理的宗教。有宋儒者张横渠则就宇宙自然之现象，立乾父坤母民胞物与之说，而作《西铭》。其言曰：

> 乾称父，坤称母，予兹藐焉，乃浑然中处。故天地之塞，吾其体；天地之帅，吾其性。民吾同胞，物吾与也。大君者，天地之宗子；其大臣，宗子之家相也。尊高年，所以长其长；慈孤弱，所以幼其幼。圣其合德，贤其秀也。凡天下之疲癃残疾孤独鳏寡，皆吾兄弟之颠连而无告者也。于时保之，子之翼也。乐且不忧，纯乎孝者也。违曰悖德，害仁曰贼，济恶者不才，其践形唯肖者也。知化则善述其事，穷神则善继其志。不愧屋漏为无忝，存心养性为匪懈。恶旨酒，崇伯子之顾养；育英才，颖封人之锡类。不弛劳而底豫，舜其功也；无所逃而待烹，申生其恭也。体其受而归全者，参乎？勇于从

而顺令者，伯奇也。富贵福泽，将厚吾之生也；贫贱忧戚，庸玉汝于成也。存，吾顺事，没，吾宁也。

横渠之意，以人类与万物同生息于天地，受地之质，得天之气以成形。鼓舞气质，变化流行即为神，在人则为性。故人也者，天地之所生息，亦天地之所长养，即天地之子，而乾坤为一切人类之大父母，人与人即皆同胞之兄弟也。以大君为宗子，则君与民仍兄弟也。而以圣为合德，则唯圣可以配天地，较人君之地位尤高焉。高年为长故尊之，孤弱为幼故慈之，凡天下之疲癃残疾皆为吾兄弟之颠连无告者，故于时保之。如此则兄弟之谊尽，可以上慰父母之心，即为尽人子之职务。乐尽子职，劳心利济疾苦而不忧，则纯乎其孝者也。反是而违此孝道，即为悖父母之德，乃至害仁而忘兄弟一体之情，又从而损害之，则名之曰贼。孟子曰“贼仁者谓之贼，贼义者谓之残”是也。济恶者，不才。孟子曰：“长君之恶其罪小，逢君之恶其罪大。”是不才之人即天地不肖之子也。践形者，不违孝道，不害仁德，不济奸恶，如是可谓善守其身，而不辱其亲，则为天地之肖子也。至下穷神尽化者，圣人知天育物之功；无忝匪懈者，贤人事天守道之事。列举夏禹、颖考叔、大舜、申生、曾参、伯奇，皆以孝子之事亲，即贤者之事天也。富贵福泽以裕生，贫贱忧戚以玉成。存则顺事，没则息宁。所谓殀寿不贰修身以俟之，所以立命也。即富贵贫贱患难夷狄无人而不自得，素位而行不愿乎外，居易以俟命之功。此则以儒者知天事天立命安命之工夫，一归之于昭事上帝之诚，而皆为孝子仁人笃尽伦理之事也。儒家非宗教，而有宗教的受用与精神，横渠更具体化之，然而丝毫不神秘，可谓之曰宇宙伦理的宗教。西儒有所谓人道教者，有所谓泛神教者，皆不及儒者乾坤父母、民胞物与、参天育物、事天守道之宇宙伦理的宗教之为极平实而至高明也。在此种思想中，有西洋宗教之精神与社会主义之意趣，然而无其迷信与神秘，亦无革命与斗争。至此而天地宇宙人类万物均浑化而为一体，焉得有所谓个人国家阶级之差别界域而互相敌对仇视哉？

④天下主义。何谓天下主义？曰，即大同主义也。《礼运》曰：

> 孔子曰："大道之行也，与三代之英，丘未之逮也，而有志焉。大道之行也，天下为公，选贤与能，讲信修睦。故人不独亲其亲，不独子其子，使老有所终，壮有所用，幼有所长，矜寡孤独废疾者皆有所养。男有分，女有归。货恶其弃于地也，不必藏于己；力恶其不出于身也，不必为己。是故谋闭而不兴，盗窃乱贼而不作，故外户而不闭。是谓大同。"

吾人欲知此大同之意义，宜与其所云小康之义对观之。《礼运》云：

> 今大道既隐，天下为家，各亲其亲，各子其子，货力为己，大人世及以为礼，城郭沟池以为固，礼义以为纪；以正君臣，以笃父子，以睦兄弟，以和夫妇，以设制度，以立田里，以贤勇智，以功为己。故谋用是作，而兵由此起。禹、汤、文、武、成王、周公，由此其选也。此六君子者，未有不谨于礼者也。以著其义，以考其信，著

有过，刑仁讲让，示民有常。如有不由此者，在势者去众以为殃。是谓小康。

由两者比较观之，则知大同之世，无国家，无君主，无战争，无私产，无贫富，无刑罚，无计谋，无罪恶。其无君主可有两解：一者但无世及之君，二者并无政府。盖兵刑俱废，制度田里城郭皆无，虽有政府，亦无事可作，无权力可施。过如老庄所谓太上民知有之，我无为而民自化而已。对于家庭伦理较淡，对并世之人则又皆有怜恤互助之诚。人皆得所，生养无忧。不尚智，不尚力，故其时之人智识能力多分平等。虽有大智大力，亦不为人所重视，人亦不会用其智力以侵害人，大家过其朴质纯素之生活，故浑然而无争乱。就此种意义观之，此大同思想不纯出于儒家，盖有老庄道家之意。盖儒重实际不尚玄想，其内心成德之高深醇厚而伟大，远超道家而上之。其对世界之观察，则始终认为常在变化往复可忧可惧之中，绝不说有如此恬静无事之世界也。此盖儒者而受老庄思想者之所为，其全篇中复有阴阳家之思想。盖战国秦汉之间，诸子争鸣，渐成合流融会之势，《吕氏春秋》《淮南鸿烈》等皆然。董仲舒亦杂阴阳，乃当时通有之现象也。此虽不尽为儒者之意，然儒者亦不反对之，则遂采以为说也。然儒者自有天下思想。《论语》：

季氏将伐颛臾。冉有、季路见于孔子曰："季氏将有事于颛臾。"孔子曰："求！无乃尔是过欤？……丘也闻有国有家者，不患寡而患不均，不患贫而患不安。盖均无贫，和无寡，安无倾。夫如是，故远人不服，则修文德以来之。既来则安之。今由与求也，相夫子，远人不服而不能来也，邦纷崩离析而不能守也。而谋动干戈于邦内。吾恐季孙之忧，不在颛臾，而在萧墙之内也。”

此为孔子之王道思想，不患寡而患不均，不患贫而患不安，均无贫，和无寡，安无倾，最近近代之社会主义思想。远人不服则修文德以来之，既来之则安之，则力反侵略主义者也。孟子之告齐宣王则曰：

今王发政施仁，使天下仕者皆欲立于王之朝，耕者皆欲耕于王之野，商贾皆欲藏于王之市，行旅皆欲出于王之途，天下之欲疾其君者皆欲赴归于王。其若是，孰能御之？……无恒产而有恒心者，唯士为能。若民则无恒产，因无恒心。苟无恒心，放辟邪侈，无不为已。及陷于罪，然后从而刑之，是罔民也。焉有仁人在位，罔民而可为也？是故明君制民之产，必使仰足以事父母，俯足以畜妻子，乐岁终身饱，凶年免于死亡。然后驱而之善，故民之从之也轻。今也制民之产，仰不足以事父母，俯不足以畜妻子，乐岁终身苦，凶年不免于死亡。此唯救死而恐不赡，奚暇治礼义哉？王欲行之，则盍反其本矣。五亩之宅，树之以桑，五十者可以衣帛矣。鸡豚狗彘之畜，无失其时，七十者可以食肉矣；百亩之田，勿夺其时，八口之家可以无饥矣。谨庠序之教，申之以孝弟之义，颁白者不负戴于道路矣。老者衣帛食肉，黎民不饥不寒，然而不王者，未之有也。

此中发政施仁使天下皆归，其思想唯在平治天下，与富国强兵之国家主义自是绝异。其仁政则在不罔民，在制民之产，足以仰事俯畜，乐岁终身饱，凶年免于死亡，然后驱而之善，即是孔子先富后教之义。儒者虽以道德礼义为第一义，然绝不以是强常人以难从，必先解决其生养，然后继之以教化。盖为政与自治不同，自治则造次颠沛不违仁，富贵贫贱皆自得。治民则先制其恒产，然后责之以恒心，甚合为政之序，与近代社会主义之思想同，丝毫无迂远之谈也。王政之行，则为老者衣帛食肉，黎民不饥不寒，谨教化，申孝弟，颁白者不负戴于道路。平等中有伦理上之差别。明明是孝弟礼敬，有秩序，有伦纪，有道德之社会。盖即于生养之中而仁义之道行焉，可谓心灵与生命、物质与精神同时发展，太和祥洽之天下也。而荀子则曰：

王者之等赋政事，财万物，所以养万民也。田野什一，关市讥而不征，山林泽梁以时禁发而不税，相地而衰政（征），理道之远近而致贡，通流财物粟米，无有滞留，使相归移也。四海之内若一家，故近者不隐其能，远者不疾其劳，无幽闲隐僻之国，莫不趋使而安乐之。夫是之谓人师，是王者之法也。

北海则有走马吠犬焉，然而中国得而畜使之；南海则有羽翮、齿革、曾青、丹干焉，然而中国得而财之；东海则有紫、紶、鱼、盐焉，然而中国得而衣食之；西海则有皮革、文旄焉，然而中国得而用之。故泽人足乎木，山人足乎鱼，农夫不斫削不陶冶而足械用，工贾不耕田而

足菽粟。故天之所覆，地之所载，莫不尽其美，致其用。上以饰贤良，下以养百姓而安乐之。夫是之谓大神。（《王制篇》）

此言王者之郅治，天下一家，近不隐能，远不疾劳，小国皆安，天覆地载，尽美致用，饰贤良，养百姓而安乐之，民生主义也，自由主义也，互助论也。而以全宇宙为一整个经济单位，尽天地之利以养人，人各尽其能以相养，上无暴政，下无惰民，四海一家，而天人和合为一体，即人世而为天国矣。故曰夫是之谓大神。净化人类而神之，可谓进化之至矣，儒者之所谓神也如此。其理想最广大高明而极现实，不同宗教家之虚构天国，不同老庄之梦想黄虞，而以仁义礼乐之政治力量实现之。中外古今之言政者，当无出其右者也。

以上就孔子、孟子、荀子言政治之大同思想天下主义，各举一例如是。若夫三大圣哲之全部政治思想，则具见于拙著《孔子学案 · 为政篇》《孟子学案 · 王政篇》《荀子学案 · 论政篇》。胜义无边，非此所能尽述矣。

如是吾人已说明儒者伦理精神下所产生之三种思想，此三种思想者，实支配汉以后二千余年之中国。此二千余年之中国无个人无阶级，亦且无国家。人共沉浸于伦理道德泯人我而重仁亲之文化社会中，非无罪恶之人背此而行，或缘此为奸也。然终不能冲决此文化之网，而斩其学说之统。非无异族外患也，然一入中国，则便失其凶暴犷野之性，而受吾同化。其国家民族虽递遭险难，而皆得保其土地人民而益广大繁衍。其文化时时在吸收外来之文化学说技艺，而融化之以充实其内容。今虽在国家民族及文化学说双重压迫之下，使之岌岌不可终日，然而吾尤敢信其文化犹将重行支配世界人类而同化之。所以者何？如不其然，则西洋立我立敌斗争互杀之文化，益之以强力之政治、奇巧之科学，非至于绝灭人类不止矣。

（5）人生之升华与人类之平治

重德义而超功利者，所以为人生之向上与升华；泯人我而仁亲者，所以求人类亲和而平治也。有崇高之德，有大同之治，二者又实一事也。明斯义者，莫切要于《大学》。《大学》之言曰：

> 大学之道，在明明德，在亲民，在止于至善。……
>
> 古之欲明明德于天下者，先治其国；欲治其国者，先齐其家；欲齐其家者，先修其身；欲修其身者，先正其心；欲正其心者，先诚其意；欲诚其意者，先致其知；致知在格物。物格而后知至，知至而后意诚，意诚而后心正，心正而后身修，身修而后家齐，家齐而后国治，国治而后天下平。

明明德，就吾人固有之善良德性培植发展而光大之也。此之良德为一切善行孝弟仁爱忠信勇敢智虑明断之本，《中庸》谓知仁勇三者天下之达德也是也。体自明净，应物皆当故曰明。无令昏昧，著见光显之曰明明德。亲民者，对与吾并生宇宙之间者皆亲近爱护之也。民吾同胞，休戚与共，生养相助，善道相辅，故曰亲民。明德光明，凡民皆亲，即止于至善矣。详言其目，则有格致诚正修齐治平之诸事。有其因焉，有其果焉。因则首当立明明德于天下之志（即此所谓欲）；因更有因，则当立治国齐家修身之志；因更有因，则有正心诚意致知格物之志。此志既立，其心定矣，心定而行为随之，则格致诚止修齐治平之功也。有其行者，有其果。格物而物格，致知而知至，诚意而意诚，正心而心正，修身而身修，齐家而家齐，治国而国治，平天下而天下平是也。此中诚意正心修身者，明明德之功也。齐家治国平天下者，亲民之行也。致知格物则贯夫二者，谓实致吾之知能于诚正修齐治平之事物，使之皆得其当，如愿以偿，实致其果也。如诚意是格物，意诚即物格；平天下是格物，天下平即物格。所以格之者即致知，物格即知至也。如是明明德以亲民，至于天下之人皆明其明德，风移俗易，人皆有士君子之行，不但心无邪慝，亦且世无争乱，如此则止于至善矣。此中明明德者，即吾人所谓尚德义而轻功利也。此中亲民者，即吾人所谓重仁亲而泯人我也。《楚书》曰："楚国无以为宝，惟善以为宝。"舅犯曰："亡人无以为宝，仁亲以为宝。"克明峻德，日新又新。德者本也，财者末也。仁者以财发身，不仁者以身发财。国不以利为利，以义为利。非尚德义轻功利而何？忠恕规矩，以孝事君，以弟事长，以慈使众，如保赤子。断断兮无他技，其心休休焉，其如有容焉。人之有技，若己有之，人之彦圣，其心好之，不啻若自其口出。非重仁亲泯人我而何？总而言之，曰明明德于天下，其人生之目的，其作人之方法，较然明白，更无疑义。持与竞生存而尚斗争之思想较，真是黑白之殊，天壤之隔，而冰炭之不相容矣。

（6）儒学与社会主义（略）

4. 结论

（1）人类文化之总抉择

窃谓西洋文化之要义两言而尽。曰：人人有衣穿饭吃，人人得自由平等。

中国文化之要义亦两言而尽。曰：道德至上，天下一家。

印度文化之要义亦两言而尽。曰：共成正觉，得大转依。

人人何以得有衣穿饭吃？曰：此在科学之征天役物及由社会主义之分配公平。何以有自由平等？曰：此在政治之民主制度及民主精神。此为今日举世之所共求，国度之治乱，国力之强弱，人民之福利，胥视行此之程度如何以为判。其有反此三者未有不弱且亡。故科学、民主、社会主义三者为不可抗御之三大势力，亦未有明智之士而不欢迎之而反抗御之者。故吾国今日必倾心尽量以学习之效法之，立起直追而勿懈。然此三者设行之不以其道，亦足以杀身亡国而绝灭人类。三者之中，科学已为一切国家一切民族所衷心接受，无有反对之者。然科学最先进之德国，则以恃科学与妄用科学而亡，东方之日本亦然。今日之科学仍然在尽力于发明杀人之器具，即正进行其绝灭人类之预备工作也。民主与社会主义在现世界则或迎或拒或取或舍。美国代表民主自由主义，然资本主义同时盛行；苏俄代表社会主义；英法则可谓中性的第三者。盖在政治既取民主自由，在经济已渐行社会主义。即在此民主政治与社会主义间，互相戒备，磨刀霍霍，以作第三次大战之准备。自吾人观之，实不知人人有饭吃衣穿与人人皆自由平等政治民主与经济民主有何不相容而必须战争？在苏俄而再与人民以政治自由，在美国而更与人民以经济平等，岂不各得圆满而更合理想？实则并非经济的民主与政治的民主本身上有何冲突，乃由于国家主义阶级斗争即生存竞争思想所遗之毒也。苏俄必假想美国之大资本家将起而倾覆其共产政府，美之资本家必假想苏俄之共产党必将起而倾覆其私产制度。于是互相嫉妒，各各防备，又况有国家之成见，霸权之争取，凡此一切皆是心量狭小，偏私足以蔽智，疑忌足以成仇。苟去其阶级斗争国家主义之狂思妄想，而了然于生存竞争之无是处，则其疑顿释，其祸立解矣。然非有儒者重德崇仁、轻利忘我之伟大思想，无以解其疑惑而大其识量。故西洋人在今日犹甚须中国文化以救济之也。

我国在今日如不尽量吸收西洋科学民主及社会主义，必无以救民生之穷，舒国家之困。如不能以固有之文化为宗旨，而资选择，则学人者易并其毒质而学之。或只得其糟粕皮毛及其毒质，如今日之所为，一面生在十七世纪的生产社会中而有二十世纪的欲望与享受，习其淫奢，而忘吾勤俭，则贫者益贫，困者愈困，穷者益穷，徒增其经济社会之迅速崩溃而已。又一面则未得其民主，而只得其暴乱与斗争。未得其守法奉公之精神，先得其平等自由之狂欲。在国家则内乱无已，在社会则礼义尽亡，而在政治上则无包荒之宏量，无负重之大力，苟偷敷衍，日即荒亡而已矣，即学科学、民主、社会主义亦只足以自亡吾国而已矣。故必遵我先民固有之伟大高明之人生哲学以作人自立，然后学人者始能得其真。既得之而不妄用，如是则以人之长补己之短，复能以己之长领导世界，则其收效之宏又不止中国，乃在全人类也。

印度文化吾特以佛法为代表，以其最精深伟大，实人类最高之学说思想也。吾人学之，对于人生之价值、宇宙之原理，得有极深极精之观察与体认，可以净涤身心，尽性至命。空诸妄执，舍染证真。入世逍遥，出世解脱，是人生究竟之道也。然与西洋之文化相隔过远，无中国文化以辅导之，将莫知其所以然，视为空想，斥为无用而已矣。又居今日如无西洋中国之文化以建立世间、和平人类，佛法亦无安脚处所。

（2）儒学之重兴与文化之统一

时当今世，宇宙大通，天下一家，海空无阻。如文化不统一，思想不条贯，则每以信仰见解之不同，更增民族国族之隔远。情志不通，行为相左，其争乱益烈也。然能为古今东西文化统一之工作者莫如我国。究性命，则上参乎佛法；谋生养，则远法乎西洋。而以入世利人之精神，尚德崇仁之心量，作中流之主干，而调和消息两方之偏。偏世间，则沉溺于功利，而争乱易作；偏出世，则息心于解脱，而与世无关。有儒则得生养之利而不乱，得解脱之益而济他。故儒学将来之重兴，即为人类文化之统一也。必如此国家民族方得救拔，而人类大祸方得免除。光昭先圣之绝学，宏开万世之太平。孔子曰：为山九仞，虽覆一篑，进吾往矣。焉敢后乎？1947 年 6 月东方文教研究院出版部识。